손편지가 그리운 시간

손편지가 그리운 시간

장승우 산문집

작가의 말

사람들은 자신이 살아온 지난 시간을 회상해볼 때 대개 기쁨의 날들보다는 가슴 저린 시간이 더 많았다고 얘기한다. 나 역시 그 범주에서는 같은 생각이다.

바람에 흔들리는 순간들 속에서 남보다 더 많이 가슴앓이해온 것 같은 나 자신이 스스로 못나 보이기도 하였지만 나름대로 열심히 살아온 것 같기는 하다.

사랑하는 내 반쪽, 아니 어쩌면 나의 인생 전부인 것처럼 늘 편안한 안식처가 되어준 아내, 내 마음속 영원한 애인 같은 두 아들, 사랑스러운 두 며느리, 손자 손녀들 모두가 어느 시인의 얘기처럼 바람에 흔들리면서 피워낸 귀한 꽃들이다.

아내의 한지 그림 전시회에 맞추어서 나 또한 칠십 년 가까이 살아온 작은 일상의 이야기들을 원고지에 옮겨 세상에 내어놓는 큰 용기를 내게 되었다.

지난 20여 년의 어렵고 힘든 시간 속에서 언제나 큰 버팀목이 되어 주시고 인생 2막을 열어주신 청소년문화가족 김태곤 대표님께 깊은 감사를 드리며, 항상 넉넉한 어깨를 내어주신 내 마음속 영원한 친구 최병찬 장로님, 그리고 진정한 이웃의 정을 느끼게 해주신 그 옛날 잠실 장미아파트의 박성도 님, 백태석 님께 때늦은 감사의 인사를 전합니다.

두서없이 흐트러진 마음들을 한 권의 책으로 세상에 선보이게 해주신 두엄출판사 나문석 사장님과 편집실 식구들에게도 마음속 깊이 감사를 전합니다.

봄을 재촉하는 비가 내리는 정유년 이월
장 승 우

차 례

제1부 | 할머니의 편지

제2부 | 빨간 공중전화기

제3부 | 그럼에도 불구하고

제1부

할머니의 편지

17시간만의 청혼

아내와는 중매로 결혼하였다. 큰아들 재호가 올해 마흔이니까 지금부터 40여 년 전, 1976년 6월 12일 12시에 부산역 맞은편 행운예식장에서 많은 하객의 축하 속에 결혼식을 올리게 되었다.

결혼식 약 6개월 전, 대구의 어느 다방에서 저녁 8시에 맞선을 보게 되었다. 중매 하신 분은 아내 쪽에서는 큰언니가, 우리 쪽에서는 고향의 먼 집안 아주머님이 하셨다. 약간은 어둑어둑한 조명의 다방 안에는 중매하시는 두 분 외에도 신문으로 얼굴을 가리고 먼발치에서 승우의 신붓감을 눈여겨보시는 숙부님도 계셨고, 아내의 언니 자매분들도 오신 것 같았다.

무슨 말을 주고받았는지 기억도 없이 식어버린 커피잔을 뒤로하고 다방 문을 나서면서 나는 아내에게 내일 낮에 다시 만나자는, 요즘 말하는 소위 「에프터」를 신청하였더니 아내는 연락드리겠다고 하면서 어둠 속으로 언니들과 함께 걸어가고 있었다.

한참 동안 뒷모습을 지켜보면서 작은 키에 가녀린 자태가 마음에 들어서 전화가 오기를 기다렸다. 얼마간의 시간이 흐른 뒤에 전화가 와서 우리는 시내 한일극장 부근의 다방에서 다음날 10시에 만나기로 약속을 하고 두근거리는 가슴으로 잠자리에 들었다.

이튿날 약속 시각에 맞추어 다방으로 나갔다. 무슨 얘기를 나누었는지 기억도 나지 않지만, 커피 한 잔을 마시고는 바로 옆의 한일극장에서 영화 한 편을 보았다. 요즈음 생각에 진도가 꽤 빨리 나간 것 같았다. 아마도 서로에게 마음이 끌린 듯하였다. 영화를 보는 동안에 아내는 핸드백에서 안경을 꺼내서 끼고 영화를 보았다. 안경 쓴 옆모습이 더욱 예뻐 보였다.

영화를 보고 나와서는 택시를 타고 수성못 유원지로 향해서 어느 식당 앞에서 택시를 내렸다. 영화를 보느라 점심때가 약간 늦은 시간이었다. 우리 두 사람 앞에는 서울식당과 부산식당의 간판이 나란히 붙어있는 한식집이 있어서 아내에게 "어디로 갈까요?" 하고 물으니 "서울식당으로 가세요." 하면서 내 눈을 바라보고 있었다. 우리는 일요일 점심시간이 조금 지나 약간은 한가해 보이는 식당 안으로 들어갔다. 그리고 나는 아내에게 묻지도 않고 종업원에게 "여기 비빔밥 두 그릇 주세요." 하고 주문을 하였다. 아내는 싫다는 내색 없이 가만히 앉아있었다. 그때 들어간 식당 이름이 서울식당이었는데 나는 그 당시 서울 을지로에 있는 철강회사에 근무할 무렵이었고 아내는 부산 시외전신전화국에 근무하고 있었다. 서울식당으로 정한 것은 부산 아가씨가 서울로 시집가겠다는 것과 무슨 인연이었는지도 모를 일이었다. 한참을 기다려서 비빔밥 두 그릇을 든 종업원이 방문을 열고 들어왔다. 커다란 비빔밥 그릇을 내려놓는 종업원에게 아내는 "빈 그릇 하나만 주세요." 하면서 부탁을 하고는 종업원이 갖고 온 빈 그릇에 나물과 밥을 덜어내고는 조금만 비벼서 조용히 식사하고 있었다. 나는 비빔밥 한 그릇을 다 비우고 나서 종업원이 갖고 온 후식을 들고는 "저, 우리 결혼합시다." 하고 어설픈 청혼을 하였다. 그때가 오후 1시경이었다. 시간상으로는 전날 저녁 8시에 맞선을 보고 다음 날 오후 1시에 청혼을 하였으니 약 17시간 만에 내 인생 최대의 결정을 한 셈이었다.

아내에게 청혼하게 된 근본적인 이유는 식사하는 모습에서 내 마음의 결정을 하게 된 것이다. 남녀 손님에게 비빔밥은 같은 양으로 고추장을 맨 위에 얹어서 나오는데 아내는 자기가 먹을 만큼 적당량만 조금씩 비벼가면서 빈 그릇이 깨끗하도록 얌전하게 식사를 하였다. 예나 지금이나 우리 조상님들은 농부들이 여든여덟 번 허리를 숙이고 손으로 정성을 기울여서 한 톨의 쌀이 나온다고 생각하였고 한문으로 쌀 '미(米)' 자는 여덟 팔(八) 자가 두 번이나 들어가서 농부의 땀과 정성을 표현하는 것이라 하였다.

나는 어릴 적에 어른들과 한방에서 커다란 둥근 상에서 식사할 때마다 밥알을 절대로 흘려서는 안 되고, 어쩌다가 방바닥에 흘린 밥알은 바로 주어서 입 안에 넣었던 기억이 있을 정도로 한 알의 밥알에 대해서 소중하게 여기며 성장해왔다. 그러한 내 눈에 남긴 밥을 다른 사람이 먹어도 괜찮을 정도로 깨끗하고 가지런하게 남겨놓은 모습에서 '그래, 한 가지를 보면 열 가지를 안다' 고 옛 어른들이 말씀하셨듯이 '저렇게 정성스럽고 복스럽고 얌전하게 식사하는 아가씨라면 내가 평생을 의지하고 살아도 절대 후회하지 않겠구나.' 하는 생각이 들었고, 중매하신 분들에 대한 믿음 또한 마음의 결정을 하는 데 큰 도움을 주었다.

약간은 성급한 청혼에 아내는 잠시 후 작은 목소리로 "집에 가서 어른들과 상의해서 답을 드리겠습니다." 하고 대답을 하였다. 그리고 헤어져서 저녁 무렵 중매를 하신 아주머님 편으로 승낙의 전화가 걸려왔다. 아마 아내의 눈에도 내가 마음에 들었던 모양이었다. 그 당시 우리는 서울과 부산에 떨어져서 직장생활을 하던 터라 약 6개월간 편지를 주고받으며 사랑의 감정을 주고받았다.

많은 하객분들의 축하 속에 결혼식을 치르고 신혼여행을 다녀와서 아내는 그 당시 유명한 「그레이하운드」 고속버스를 타고 서울로 오며 낯선 곳으로 향하는 두려움과 친정집을 떠나는 서운함에 얼마나 울었는지 두 눈이 퉁퉁 부어서 딴사람 같았다. 동대

문구 이문동에 방 두 칸짜리 신혼집을 구해서 시작한 신혼생활에서 어느 해 겨울인가는 아내가 연탄가스에 취해서 병원에 실려가기도 하였고, 몇 번의 이삿짐 속에 단지가 깨어지기도 하고 유류파동 때는 석유를 못 구해서 새끼줄로 연탄 두 장을 사와서 저녁밥을 짓기도 하였다. 그렇게 시작된 결혼생활이 벌써 40주년이 지났다. 길다면 긴 세월인데 지금까지 아내는 맞선보고 처음 비빔밥 먹던 그때처럼 한결같이, 조용히 흔들림 없이 우리 가정을 지키면서 부족하고 매사에 유별난 남편을 위해주어서 늘 고맙고 미안한 마음이다.

며칠 전에는 겨울용 긴 스타킹에 엄지발가락 부분이 구멍이 났다고 바늘로 꿰매고 있는 모습을 보고는 "아니, 스타킹 한 켤레 새로 사면되지 지금이 어느 시대인데 옛날처럼 기워서 신으세요?" 하고서 핀잔을 주었더니 "신발 속에 신는 건데 뭐 어때서요." 하며 돋보기를 끼고서 바늘귀를 꿰고 있었다. 마음속으로 '당신은 사십 년 전이나 지금이나 어쩌면 그리도 한결같은지요?' 하는 생각이 들면서 내가 선택한 「17시간 만에 청혼하기」가 내 인생 최대의 성공한 선택이라고 생각한다. 이런 것을 두고 「순간의 선택이 평생을 좌우한다」고 하는 것 같다. 구멍 난 양말을 깁고 있는 아내의 흰머리가 개그콘서트의 프로그램같이 「10년 후」가 되는 듯이 흰머리가 많이 자란 모습이다. 며칠 뒤면 아내는 보자기를 뒤집어쓰고 화장실에서 직접 염색을 하면서, 「여보 지금 몇 분이에요?」 하면서 물을 것이다. 나는 제발 남들처럼 이제는 미장원에서 염색하자고 얘기를 해도 아내는 듣지를 않을 것이다.

"여보, 많이 부족한 이 사람을 평생의 반쪽으로 선택해 주어서 너무너무 감사합니다. 당신의 고운 마음과 자기희생의 시간이 쌓여서 우리 가정이 이만큼 행복하고 자식농사 잘 지어서 남들이 부러워하는 행복한 가정이 된 것 같습니다. 아주 많이 사랑합니다. 결혼 100주년 되는 그 날까지 우리 지금처럼 살기를…… 자비로우신 부처님과 할아버지 할머니께 빌어봅니다."

미국에 사는 며느리, 한국에 사는 며느리

며느리는 하늘이 맺어준 귀하고 소중한 또 하나의 인연이라고 생각하며 살아왔다. 모든 환경이 생소한 우리 가문에 시집와서 한 가족이 되고 대를 이어서 가정을 일구어 나가는 정말 귀한 손님이라고 생각하면서 혹시나 며느리에게 불편한 구석은 없는지, 아들 녀석이 가부장적이지는 않은지, 바쁠 때면 집안일도 잘 도와주는지, 쓸데없는 소소한 걱정을 한다.

큰며느리 재은이는 결혼식이 끝나고 신혼여행을 다녀와 곧바로 뉴욕으로 건너가 신혼살림을 차린 지 올해로 어느덧 10년째이다. 그사이에 귀여운 손녀 은세가 태어나고 세 식구가 미국생활에 점점 익숙해져 가는 지금은 또 하나의 축복으로 배 속에 있는 둘째 아기가 6월에 출산을 앞두고 있다. 이렇듯이 나에게는 소중한 자리를 차지하고 있지만 큰 며느리가 시집와서 우리와 함께 생활한 기억이 별로 없다는 것이 크나큰 아쉬움이다.

우리들의 만남은 겨우 2~3년에 한 번씩 온 식구가 휴가차 와서 며칠간 머물다 가는 것이 전부인데, 공항에 마중을 나가서 귀여운 손녀도 안아보고 가슴이 나보다도 커버린 아들의 품에 안겨도 보고 반가운 해후를 끝내고 집으로 오면, 짐을 풀고 과일이랑 차를 다 마시기도 전에 나는 며느리에게 "편한 옷만 챙겨서 친정으로 갈 준비를 하여라" 하고 독촉을 하면 재은이는 "아니에요, 여기가 제가 있을 집이고 더 편해요" 하면서 사양을 한다. 하지만 진정 며느리가 편하게 발 뻗고 누울 수 있는 곳은 오직 친정뿐이라는 것을 잘 알기에 그리고 또 이역만리 미국 땅에 사는 시집간 딸과 눈에 넣어도 아프지 않을 외손녀를 한시라도 빨리 보고 싶은 사돈 내외분을 생각해서라도 서둘러서 며느리를 친정으로 데

려다주게 된다. 차에서 내려 친정집으로 향하는 며느리에게 "지금부터 진정한 휴가라고 생각하고 부모님과 쌓인 얘기 많이 나누고 그간에 받지 못한 사랑 많이 받고서 며칠이나마 기분 좋게 지내고 시댁에는 천천히 오너라." 하는 당부를 잊지 않았다. 아마도 사돈 내외분께서도 사양은 하시지만 한시라도 빨리 오랜만에 만나는 귀한 딸과 같이 있고 싶은 생각이 가득하실 것을 생각하면서 며느리 등을 떠밀어서라도 친정으로 보내는 것이 내 마음이 편하게 느껴지는 것은 어쩔 수가 없다.

둘째 며느리 윤영이는 대구에서 교직생활을 하며 바쁘게 살아가고 있지만 그래도 가끔씩은 함께 저녁을 먹거나 혹은 우리가 밑반찬을 만들어 가져다주기도 하면서 얼굴을 볼 기회가 있어서 좋다. 한번은 위가 좋지 않아서 애를 먹는 나를 위해 윤영이는 친정 이모부님이 내과 과장으로 계시는 영남대학병원에 위내시경 검사를 예약해놓고 이렇게 말해주었다. "아버님, 저하고 며칠 뒤에 병원에 가서 검사 한 번 받으세요."라고 말을 하면서 날짜와 시간을 알려주는 것이었다. 마침내 약속한 날 시간에 맞춰서 수면내시경 검사를 하였다. 다행히도 가벼운 위염이라는 담당 의사의 설명을 듣고 난 후 내가 안도의 한숨을 쉬며 병원 복도로 걸어나오니 어느새 윤영이는 병원비까지 계산을 마치고 내 코트를 손에 들고 다가와 "아버님, 큰 병이 아니어서 다행이에요. 이제 아무 걱정하지 마시고 저하고 죽 한 그릇 드시러 가세요." 하면서 병원 구내식당으로 안내하였다. 시아버지와 며느리 단둘이서 처음으로 먹는 죽 한 그릇이 어떤 진수성찬보다도 맛있었고 기분이 좋았다. 곁에서 누군가가 쳐다보면 "여기 예쁜 색시가 우리 며느리입니다. 예쁘지요?" 하고 얘기해주고 싶은 심정이었다. 기분 좋은 식사를 끝내고 주차장으로 가는 길에 윤영이와 팔짱을 끼고 병원 복도를 걸어가는 순간 내가 행복한 시아버지 같은 생각에 함께 걷는 예쁜 윤영의 옆모습을 가만히 바라보며 '그래, 이런 마음이 며느리가 주는 일상의 행복이구나.' 하고서 혼자 가슴이 뭉클해지는 순간이었다.

낯선 환경으로 시집을 와서 새로운 가풍과 문화에 적응하면서 아이 낳고 직장 다니면서 열심히 살아가는 며느리들이 때로는

딸 같은 생각이 들면서 시아버지인 내가 챙겨줄 것은 없는지를 살피는 것은 비단 나뿐이 아니라 이 땅의 모든 시아버지가 느끼는 한결같은 마음일 것이다. 두 며느리와 함께 건강하고 행복하게 살아가기를 소원하면서 가끔은 고생하는 며느리의 예쁜 발이라도 내 손으로 씻겨주고 싶었다. 그래서 큰며느리 재은이는 미국으로 출국하기 전에 집에서 대야에 따뜻한 물을 가득 받아서 우리 집에 시집와 주어서 고맙다는 마음으로 내 손으로 예쁜 발을 씻겨준 기억이 있지만 둘째 윤영이는 아직 기회를 얻지 못했는데 언제가 발을 한번 씻겨주고 싶다고 했더니, 아니라고 하면서 굳이 손사래를 쳐서 아직 못 해주었다. 하지만 아이들을 가르치느라 고생하는 둘째의 발을 언젠가 한 번은 씻어 주리라 다짐해 본다.

옛말에 물 좋고 정자 좋은 곳이 없다고 했다. 우리네 인생살이도 항상 좋은 것만은 아닌 것 같다. 동서 간에 멀리 떨어져 살아서인지 몇 년에 한 번씩 만나서 다 같이 식사할 때 잠시 얘기꽃을 피우는 것 외에는 따로 주고받는 대화가 별로 없는 것 같아 옆에서 볼 때는 안타까운 마음이다. 아마도 한국에서 같이 살았다면 형님, 아우님 하면서 서로 의지도 하고 자라나는 아이들에게 우애도 생기고 두 가족이 같이 정도 나누면서 함께 나이 들어가는 모습이 그립기에 예쁘고 예쁜 두 며느님, 미국과 한국이라는 거리만큼 멀어지지 말고 손에 들고 다니는 전화기로 가끔 영상통화라도 하며 서로의 안부도 물어주고 소소한 일상의 기쁨과 힘든 일들을 같이 나누면서 동서간의 정을 차곡차곡 쌓아가기를 간절히 바랍니다.

내 사랑하는 재은, 윤영 두 며느님! 하루하루의 시작과 끝이 기쁨과 웃음 속에서 열리고 닫히는 날들이 되기를 빌겠습니다. 당신들을 만나서 너무 행복한 시아버지가 이 밤도 그대들의 안녕을 위해 기도합니다. 많이 사랑합니다. 그리고 우리 집 며느리가 되어주심에 감사합니다.

행복하세요!

행복도 습관이다. 아침, 점심, 저녁을 먹듯이 행복도 그렇게 생활화하면 행복은 늘 우리 곁에 있지 않을까? 그래서 행복의 조건에는 어떤 것이 있나 하고 조사를 해보았다. 사람마다 사는 모습이 다르고 생각도 천차만별이기에 조건도 다 다르지만, 우리가 느끼는 행복의 근본은 공통적일 것 같아 여기에 옮겨본다.

행복의 조건 1. '무조건 행복하다' 라고 믿어야 한다.

행복의 시간은 좌절과 절망의 시간보다 더 많습니다. 시련과 좌절이 와도 행복이라 믿고 시련은 견딜 수 있을 만큼 오는 것이니 행복의 믿음 앞에서는 아무것도 아니라고 생각하고 행복이라 믿자.

행복의 조건 2. 단순하게 생각하라.

이미 결정 되어진 일이라면 여러 번 생각한들 변하지 않는다. 마음의 혼란만 가중되고 스트레스만 받을 뿐 단순하게 생각하자.

행복의 조건 3. 내일일은 내일 생각해라.

어차피 겪어야 할 일이라면 미리 생각하지 말자. 걱정한다고 달라

질 수 있는 건 없다. 걱정할 시간에 차라리 한 잔의 차를 마시는 게 마음의 안정을 주며 도움이 될 것이다.

행복의 조건 4. 일주일에 한번은 소주 반병을 마셔라.

술을 못 드시는 분들에겐 해당이 안 될 수도 있겠지만 마음에 모든 것 다 내어놓고 마시는 한잔 술이 제일이다. 마음의 병이 제일 큰 것이니 한 잔의 술로 그때의 아픔을 매듭짓자.

행복의 조건 5. 매일 십분만 걸어라.

행복도 건강이 있어야 하는 것이니 십 분의 운동이지만 꾸준히 한다면 어떤 보약보다 좋다. 그렇게 걸으면서 10분 동안 복잡한 머릿속을 정리해보자.

행복의 조건 6. 하루에 오 분만 가족들과 대화에 투자하라.

생각보다 하루에 가족들과 얼굴을 맞이할 수 있는 시간이 많지 않다. 가정의 평안과 행복은 큰데 있는 것이 아니니 5분의 대화로도 서로의 마음을 엮는 시간으로 충분하다.

깊은 속마음이 아니더라도 가족과 잠깐의 대화를 나눠보자.

행복의 조건 7. 하루에 세 번은 꼭 크게 웃어라.

웃으면 복이 온다는 말이 있다. 웃음은 행복 바이러스다. 내가 웃음으로써 상대방도 웃을 수 있다. 웃음이 정신건강에도 좋지만 힘든 하루의 일과에 엄청난 에너지로 작용할 것이다.

행복의 조건 8. 무조건 이해하라.

누군가를 무조건 이해하고 배려한다는 것은 쉬운 일이 아니다. 그만큼 본인이 많은 것을 포기해야 하는데 손해 본다는 생각이 들 수도

있지만 당신이 이해해주는 마음으로 그만큼 복이 되어 올 것이다.

행복의 조건 9. 이유를 달지 말라.

일이 생길 때 마다 이유나 변명을 하기 시작한다면 능동적인 삶이 될 수 없다. 아닌 것에 순순히 인정하는 것이 행복을 지키는 첩병이다.

행복의 조건 10. 살아 있음에 무조건 감사해라.

숨을 쉬고 이 세상에 존재하는 것만으로도 행복하다고 느낄 때가 있을 것이다. 행복은 눈으로 보이지도 손으로 만지지도 못하는 것이지만 일상의 감사함이 몸에 베여있다면 본인이 원치 않아도 행복은 늘 곁에 있을 것이다.

이렇듯 행복은 우리가 살아가는 매 순간순간에 좋은 느낌이 쌓여서 점점 커지는 것이 아닐까 하고 생각해보니 나에게도 행복의 자잘한 순간들이 있었다.

하루는 직장생활을 하는 작은 며느리에게 조금이나마 보탬이 되고자 밑반찬 몇 가지를 준비하였다. 내외가 두고 먹을 일주일 치 밑반찬 몇 가지를 만들다가 아들 내외 생각에 좀 넉넉하게 장만을 한 것이다. 더위가 시작되는 하지가 가까워져 오고 해서 시원하게 담근 어린 배추 물김치와 요런 조런 맛깔스러운 반찬들을 챙겨서 앞산 순환도로를 지나 둘째네 집으로 가는 길에 요금소를 통과할 때, 작은 부스 속의 여직원에게 '수고하세요!' 라고 인사를 하고 차창을 닫고 다시 속도를 올리는 그때 아내는 얼굴

가득 미소를 지으면서 나에게 말했다. "여보, '수고하세요!' 하는 인사보다는 '행복하세요!' 라는 인사가 더 좋을 것 같네요." 그 순간 예쁜 아내의 자그마한 얼굴에서 행복이 묻어나는 것을 보았다. "그래요, 당신 말이 맞아요. 그리고 다음부터는 요금소에 들릴 때마다 여직원에게 '오늘도 많이 행복하세요!' 라고 인사를 건네겠다고 약속을 하였다.

아들네 집으로 가는 짧은 시간의 차 안에서 아내의 그 한마디가 전해주는 따뜻한 감정이 온 세상을 아름답고 훈훈하게 물들이는 것 같아서 기분이 좋았다. 그리고 오늘 아내가 가르쳐준 인사 '행복하세요!' 는 내가 항상 마음속으로 예쁜 아내에게 바라는 인사이면서 또한 아내를 향한 나의 소망이기도 하다. 그 예쁜 배려의 여운이 좁은 차 안에 가득 퍼져가는 그때였다. 전화벨이 울리고 듬직한 목소리가 들린다. "어디쯤 오세요?" 하고 전화를 해오는 아들과 통화하는 아내의 옆모습이 한없이 평화롭고 소녀 같아 보였다. '그래요, 언제까지나 내 곁에서 예쁜 당신도 많이많이 행복하세요!' 하는 마음속 기도를 하면서 아내의 작은 손을 꼭 잡았다. 그 작은 손은 살아오는 긴 시간동안 늘 따뜻했다. 그래서 나도 늘 행복할 수 있었다. 아들네 집으로 가는 길 차창 밖으로 비친 모든 사람도 행복한 발걸음을 힘차게 내딛는 것처럼 보이는 기분 좋은 여름날 저녁이었다.

최병찬 장로를 생각하며

“저녁을 먹고 나면 허물없이 찾아가 차 한 잔을 마시고 싶다고 말할 수 있는 친구가 있었으면 좋겠다. 입은 옷을 갈아입지 않고 김치 냄새가 좀 나더라도 흉보지 않을 친구가 우리 집 가까이에 있었으면 좋겠다.

비 오는 오후나 눈 내리는 밤에 고무신을 끌고 찾아가도 좋을 친구, 밤늦도록 공허한 마음도 마음 놓고 열어 보일 수 있고, 악의 없이 남의 얘기를 주고받고 나서도 말이 날까 걱정되지 않는 친구가…….”

- 유안진 님의 「지란지교를 꿈꾸며」 중에서

유안진 님의 글처럼 희망하고 바라는, 가슴 가득 편안한, 또 늘 보고 싶은 그런 친구가 나에게도 한 사람이 있어서 늘 행복한 마음이다. 그분은 항상 나에게 용기와 희망을 불어 넣어주는 분당 만나교회의 최병찬 장로이다.

그와의 첫 만남은 같은 회사에 근무하면서이다. 그리고 인연을 맺은 후로 강산이 몇 번씩 바뀌는 시간 속에서 서로를 깊이 알아가면서 차츰 직장동료에서 친구 사이로 가까워지게 되었다. 직장과 서로의 집을 오가면서 함께 저녁을 먹거나 나들이도 하게 되었는데 두 집안이 아들만 둘씩 있어서 더 많은 생활의 공감 속에 정다운 만남의 시간도 가지곤 하였다.

어느 봄날 사세를 확장해서 성장 가도를 달리던 회사가 불경기의 여파로 문을 닫는 일까지 같이 겪으면서 우리는 기쁨과 슬픔을 함께 마주하게 되었다. 그때가 바로 우리나라에서 88올림픽이라는 큰 행사를 치르던 해였다. 온 국민들이 가수 정수라의 '아! 대한민국' 의 노래를 부르며 흥분하고 환호할 때, 우리는 온실 속의 꽃들이 갑자기 눈보라 치는 광야에 내몰린 처지가 되어 차가운 현실을 마주한 암울한 심경이었다. 그런대로 순탄하게 살아온 나의 삶 속에서 갑자기 불어 닥친 매서운 눈보라는 나 자신이 중심을 잃을 정도로 견디기 힘든 것이었다. 하지만 그 어려운 순간에도 그는 긍정적인 마음과 슬기로운 지혜로 또 넉넉한 미소로 조금의 흔들림 없이 힘들어하는 나를 위해서 많은 시간을 함께해주고 용기와 힘을 보내주었다.

가족들을 서울에 남겨두고 임시로 대구에 직장을 구해서 생활할 때는 먼 곳 대구까지 찾아와서 격려와 희망을 심어주던 마음이 넉넉한 친구이기도 하였고 어쩌다 서울 집에 갈 때면 당신이 사는 부천에서 서울 삼성동 비좁은 전셋집 부근까지 찾아와서 소주잔을 주고받으면서 고생이 많았다고 어깨를 두드려준, 어쩌면 마음씨 좋은 막내 삼촌 같은 사람이었다.

'새옹지마' 라는 말처럼 인생이 마냥 순탄하기만 한 것보다는 어려운 고비를 겪으면서 더욱 성숙해지고 단단해지는 것처럼 방황과 번민의 굽이굽이마다 바람막이가 되어주고 지쳐가는 내 영혼을 일으켜 세워준 사람이 바로 그이다.

혼돈과 방황 속에서 차츰 내 자신이 안정을 찾고 새로운 질서에 적응할 무렵 그는 국내 굴지의 금속가구회사에 전문경영인으로 자리를 옮겨서 강인한 추진력과 명석한 판단력으로 주위의 시선을 한 몸에 받으면서 활기찬 제2의 인생을 살고 있었다. 그 무렵 큰아들 재호가 서울대학교 건축과에 재학 중이었는데 어쩌다가 아버지 심부름으로 최병찬 부사장을 찾아가면 열심히 공부하라고 선뜻 두툼한 용돈을 손에 쥐여주면서 큰아버지 같은 마음으로 격려해주는 고마운 친구이기도 하였다.

많은 세월이 흘러 그도 회사를 은퇴하고, 신앙심이 돈독하였던 그는 분당에 있는 만나교회라는 큰 교회의 장로님으로 취임하여 열심히 목회활동을 하는, 지금도 예전과 같이 조금도 변함없이 늘 긍정적이고 자신보다는 주위 사람들을 먼저 생각하고 앞서기보다는 뒤에서 다 함께 같이 가도록 배려해주는 우리 사회의 소금과 같이 꼭 필요한 사람으로 살아가고 있다. 언젠가 회사의 영업이사로 있을 무렵, 때마침 불어 닥친 인원 감축과 마이카 붐으로 부서별로 배치된 운전기사들을 감원하게 되었는데 영업부서에 근무하던 운전기사를 직접 세일즈 교육을 시키고 영업 일선에 배치해서 실무를 배우게 하는 등 많은 노력 끝에 자기 몫을 제대로 해나가는 영업사원으로 변신을 시켜서 인원 감축에서 구제해준 가슴 훈훈한 추억도 새삼 떠오른다. 그리고 대구 EXCO에서 관련 분야인 금속가구전시회가 있을 때 수고한 직원들과 저녁 식사 자리에 우리 내외를 초대하여 당신의 소중한 친구라고 소개를 하면서 뜻깊은 시간을 갖기도 하였다.

최근에는 자택이 있는 경기도 부천시 원미구 중3동의 주민자치위원회 위원장으로 취임해서 지역의 소외된 이웃을 위해서 많은 봉사활동을 하고 있다는 소식을 들었다. 「찾아가는 사랑의 쌀독」이라는 행사를 통해서 모인 소중한 쌀을 주위의 그늘진 곳에 사는 저소득층을 지원하는 사업을 펼치며 「중3동을 행복한 마을로 만드는 일」에 마지막 열과 성의를 다하는 그 모습이 너무나 자랑스럽고 모든 사람들이 본받았으면 하는 마음이다.

최병찬 장로님! 오래전부터 그러했듯이 늘 기분 좋은 미소와 넉넉한 삶의 여유를 오래오래 간직하여서 삶에 지친 사람들이 가끔씩 불쑥 찾아갈 수 있도록 든든한 바위처럼 여름날의 시원한

나무 그늘처럼 늘 우리 곁에 함께하기를 오늘 밤에는 저 하늘 위에 계신 높은 분께 빽을 좀 써야 되겠다. 설마 높은 분께 빽 쓰는 일도 김영란법에 저촉되지는 않는지 괜스레 걱정되는 밤이다.

카톡 : 재호 결혼기념일 아침에

오늘(9월 23일)은 우리 큰아들 아홉 번째 맞이하는 결혼기념일이구나. 아주 많이 축하한다. 낯선 뉴욕에서 혼자 힘으로 대학원 공부 마치고 예쁜 색시랑 결혼해서 신혼의 보금자리를 꾸며서 귀여운 은세와 함께 열심히, 행복하게 사는 모습에 아빠는 너무나 대견하고 고마운 마음이다.

아들, 지금처럼 열심히 사는 모습을 보는 아빠의 마음은 세상 그 어느 아버지보다도 더 행복하고 자랑스럽단다. 너는 내 인생의 큰 의미이며 보람이요, 내가 살아가는 존재이유가 되기도 한다는 걸 잊지 않았으면 한다.

재호야, 네가 엄마 아빠의 아들로 찾아와 주어서 참으로 고맙고 감사하다. 너의 결혼기념일 아침에 기쁜 마음으로 축하의 메시지를 보낸다.

너의 가족 모두가 오래오래 건강하고 행복하게 살아가기를 바라며, 멀리서 보고 싶은 아빠가.

- 2015년 기쁜 날 아침에

세 자매

아내에게는 언니가 두 분 계신다. 아내는 큰언니와는 아홉 살, 작은언니와는 네 살 아래이다. 처가 식구들은 다른 집들보다 더 각별한 형제간의 정을 주고받는 화목한 집안이다. 그중에서도 오빠 세 분 아래로, 세 자매분은 따뜻한 우애와 사랑을 주고받는 많이 행복한 사이다.

맨 위의 큰 처형이신 '파 할머니' 는 아내와의 결혼에 직접 중매를 서서 오늘의 우리 가정이 탄생하도록 해주신 고마운 분이다. '파 할머니' 란 호칭은 친척 꼬마가 파동 할머니란 발음이 어려워 '파 할머니' 라 부르면서 자연스레 지금까지 이어져 오고 있다. 또한 '파 할머니' 큰 처형은 아홉 살 아래로 갓 태어난 아내를 문중 일과 농사일로 바쁘신 부모님을 대신해서 잘 보살피고 많이 귀여워해 주셨다고 한다. 그래서인지 장모님이 돌아가시고 난 후, 아내는 큰언니에게 많은 의지를 하며 살아왔다.

둘째 언니 '서영이 할머님' 은 매사가 밝고 긍정적이어서 정든 서울생활을 뒤로하고 갑자기 이사 온 대구에서 낯설게 살아가는 우리 내외에게 많은 힘이 되어주신 수호천사 같은 분이다. 그래서 나의 핸드폰 단축번호에 네 번째 분이시다. 1번은 집이고, 2번은 아내, 3번은 재석이, 그다음이 '서영이 할머님' 이신 작은 처형이다.

가끔 아내는 두 분 언니들과 함께 따스한 봄날에는 야생화 꽃시장으로, 찬바람 부는 겨울에는 김장 시장도 같이 가면서 생활 속 일상의 소소한 정을 나누기도 한다. 그리고 어쩌다가 미국에 사는 재호 가족이 휴가라도 오는 때에는 도착 전부터 제철 음식 준비로 언니들과 전화를 주고받고, 한바탕 축제 같은 휴가를 끝내고 아들네 식구들이 떠나고 나면 허전하고 텅 빈 가슴을 두 언니와의 수다로 채우는 것 같아서 옆에서 지켜보는 나는 가끔씩 부러운 마음이 들기도 한다.

세 자매분이 집집이 아들만 있고 딸이 없는 탓인지 서로 아끼고 생각하는 정이 남다른 것 같다. 지금같이 세 자매분의 사랑과 보살핌이 언제까지나 이어지기를 비는 마음이다. 다가오는 결혼기념일에는 두 분 언니들을 모시고 맛있는 식사를 함께해야겠다. 나도 그 사랑하는 세 자매분의 틈새에 끼고 싶은 마음에서…….

할머니의 편지

손때 묻은 책상 서랍 속에는 오래오래 간직해온 편지가 들어 있다. 가끔 서랍 정리를 할 때마다 꺼내서 읽어보는 편지는 세상 그 어떤 것보다도 귀하고 소중한 보석과도 같은 것으로 세월이 깊어질수록 더 절실해져 오는 그리운 할머니가 아내에게 보내온 편지다.

1980년 초여름, 집으로 온 한 장의 편지에는 할머니의 체취와 사랑이 듬뿍 담겨 있었다. 이 편지는 당시 할머니께서 둘째 증손주 재석이의 돌잔치에 참석하지 못하게 되신 것을 못내 아쉬워하며 할아버지 편에 급히 적어 보내신 편지인 것이었다.

손부 보아라

할아버지께서 갑자기 가신다 하시기에 두어 자 적는다.

너희 내외 무고한지 항상 궁금하다.

재호 형제 건강하게 온갖 재롱 다 부리겠다.

재석이 돌이 지나도 아무도 가 보지도 못하고 선물도 못해 보내서

많이 서운하겠지만 모르는 바는 아니나 일이 그렇게 되었다.

할아버지 가시는 편에 소식 잘 듣기 바란다.

돈 몇 푼 보낸다. 형제 내의나 사 입히고 내내 무사한

소식 바란다. 언제 볼 수 있을는지?

눈이 어두워 쓸 수 없어서 이만 줄인다.

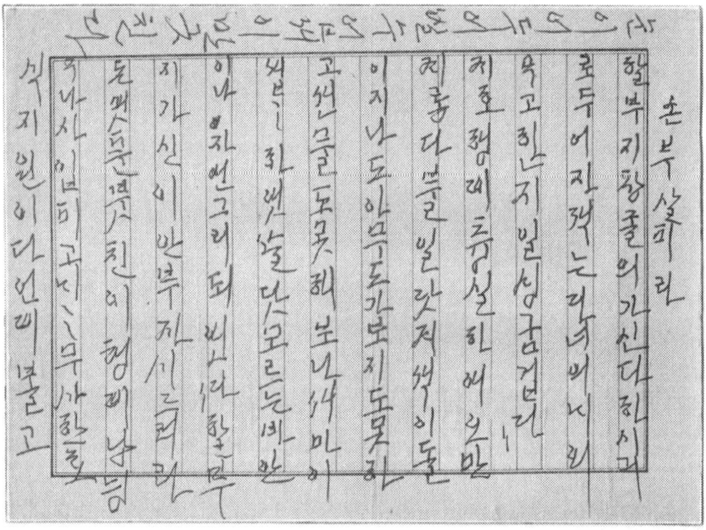

할머니께서는 예전의 '언문'을 배우셨다. 그래서 집안의 가계부나 전화가 없던 시절의 안부 인사를 편지글로 대신하기도 하셨다. 그러다 보니 편지를 보낼 일이 많았지만, 우표를 판매하는 곳이 귀하던 때인지라 할머니께서는 시골 오일장에 가시는 할아버지께 당부하여 우표를 많이 사가지고 오셔서 보관해 두고 혹시나 편지를 보내실 때는 우표에 침을 발라서 붙이시고는 우체부 아저씨가 올 때마다 부탁하셨다. 그리고 예전에 동네에서 혼사가 있을 때면 혼주 댁에서 할머니를 찾아와서 사돈댁에 보내는 사돈지(*査頓紙 : 이바지음식을 보낼때 친정어머님이 시어머님에게 적어 함께 보내는 안부편지*)를 부탁하면 할머니께서는 긴 두루마리를 펼쳐놓으시고 벼루에 먹을 갈아서 붓글씨로 정성스럽게 늦은 밤까지 써내려가시던 기억이 아련하다.

오래전 지금처럼 예식장이 없는 시골에서는 신부 댁 마당에서 병풍을 두르고 씨암탉을 보자기에 묶어서 상 위에 올려놓고 신랑은 사모관대를 신부는 연지곤지를 찍고 고운 색동한복을 입고 이른바 구식으로 혼례를 치를 때면 신랑 친구들이 긴 두루마리에 축사를 적어서 요즈음에 축가를 부르듯이 읽었던 기억이 난다.

총각 시절 남들보다 일찍 장가가는 고향 친구가 이른바 구식으로 신붓집 좁은 마당에서 멍석을 깔고 혼례를 치르던 날, 나도 할머님의 개인 지도를 받아서 두루마리 한지에 축사를 적어서 신랑 친구 대표로 축사를 읽은 적도 있었다. 아마도 지금의 내가 원고지를 앞에 놓고 앞뒤 구성이나 내용은 빈약하더라도 펜을 들고서 원고지 10여 장에 마음속의 사연을 거침없이 써내려가는 것도 일찍부터 매원 할머님의 시원시원한 편지글 솜씨를 보고 배운 덕분인 것 같다.

어린 시절 학교에서 국군 아저씨나 어른들께 편지를 쓰는 시간이면 대부분의 친구들은 처음에는 연습용으로 한두 차례 써본 후에 최종적으로 마무리하지만 나는 그냥 한 번에 적어서 선생님께 제일 먼저 제출했던 기억이 난다. 물론 내용은 다소 미흡하고 부족했지만, 편지글을 쓰는 그 순간만큼은 어린 나이에도 생각이 꽤 빨리 떠올랐던 것 같다.

방바닥에 엎드려서 두꺼운 돋보기안경을 끼고서 붓 가는 데로 적어 내려가시던 그때의 편지는 당신의 애틋한 손주 사랑을 담고 있어 오랜 시간이 흘러 누렇게 변한 편지지이지만 가끔씩 할머니 생각이 날 때마다 할머니의 편지를 꺼내 읽으면서 하늘나

라로 마음속의 답장을 쓰지만 보내지 못하는 마음을 남몰래 눈물로 달랜다.

할머니, 비록 당신은 이 세상에 안 계시지만 당신이 그토록 사랑하시던 이 손자는 당신이 남겨주신 오래된 편지를 읽으면서 이 밤도 편지를 쓰시던 그때를 그려봅니다. 그리고 넉넉하고 포근했던 당신의 치마폭이 그립습니다. 부디 오늘 밤 꿈속에서 만나 뵙기를 비는 마음입니다. 오늘 밤은 꼭 할머니 꿈을 꾸겠습니다.

종손(宗孫)

어느 집안이든지 종손이 있다. 그 집안의 중심이요, 집안을 대표하는 자리이다. 우리 집 종손은 세 살 아래의 큰집 동생 승하이다. 승하는 일찍부터 종손의 기운이 흘렀던지 매사에 나에게 많은 것을 양보하고 위해주었으며 작은 일에 흔들리지 않고 한번 결심은 굳게 밀고 나가는 남다른 모습을 보여주었다.

세월이 흘러서 서로 결혼을 하고 가정을 꾸려나가면서 서울과 대구에 떨어져 사는 동안에 간혹 집안일로 같이 만날 때는 세 살 아래의 동생 같지 않고 오히려 몇 살 위의 형님같이 넓은 안목과 넉넉한 마음으로 집안일을 헤쳐나가는 것을 볼 때마다 역시 종손은 무언가는 다르구나 하는 마음을 갖게 한다.

재호가 서울대학교에 입학하던 그해 재호를 데리고 백화점에서 비싼 양복을 선물하면서 기뻐해 주던 모습이 아직도 어제같이 느껴진다. 대구로 이사를 와서 같이 만나고 살던 시간이 지나고 큰집이 서울로 이사를 한 뒤에는 만나는 시간이 점점 뜸해지는 것 같아서 마음 한구석 아쉬운 심정이다.

지난 2004년에는 큰집 제수씨가 국군간호사관학교장에 취임하면서 준장으로 진급하는 가문의 영광을 안겨주기도 하였다. 온 나라가 온 집안이 다 같이 축하하고 기뻐한 감격의 순간이었다. 고향 마을회관에서 어른들을 모시고 축하잔치를 하던 날, 그리고 대전시 유성구 추목동의 국군간호사관학교 연병장에서의 취임식과 장군 취임 카퍼레이드를 보던 날, 나는 승하 내외에게서 큰 기운을 느끼는 것 같았다. 그것은 우리 집안, 우리 가문의 중심이요, 가문을 대표하는 신비로운 느낌이었다.

제수씨는 육군 장교 시절에 시집을 와서 잦은 전근에도 불구하고 집안 대소사에 빠짐없이 참석하며 큰집의 많은 제사 때에는 언제 눈을 붙이고 자는지 의심이 갈 정도로 투철한 군인정신으로 자기를 희생하며 살아온 참 군인이요, 훌륭한 며느리였다. 그리고 재호가 대학을 졸업하던 날, 바쁜 일정에도 불구하고 멀리 분당의 국군수도병원에서 졸업식장까지 찾아와 축하해 주던 모습은 잊을 수가 없다.

나는 가족구성원의 한사람으로서, 승하의 형으로서 제수씨에게 뒤늦은 감사의 마음을 전하고 싶다. 자기 몸을 아끼지 않는 그 지극한 효성 덕분으로 백모님께서 구순을 넘기시면서 건강하게 사시는 것 같은 마음이다. 다가오는 설날 합동 세배 때는 고마움의 마음으로 새해 인사를 해야겠다. 우리 모든 가족을 대표해서 종손 부부의 건강과 안녕을 빌어본다.

법정(法正) 스님

스님을 처음 만나 뵙게 된 시기는 내가 다니던 회사가 경영난으로 문을 닫은 후 힘든 나날을 보내던 80년대 말 어느 여름날, 대구 시내의 자그마한 사찰에서였다. 스님은 그날의 법문을 통해서 'Simple하게 살아가라' 고 말씀하신 기억이 아직도 생생하다. 당시에 나는 스님들의 말씀은 딱딱하고 어렵다는 생각을 하고 있었지만, 스님께서 단순하게 살아가라고 'Simple하게' 라는 말씀에 솔직히 처음에는 신선한 충격으로 신비스럽고 또 어렵고 멀게만 느껴지던 스님에 대한 생각이 가깝고 친근하게까지 느껴졌다. 아마도 그때 'Simple하게' 살 것을 주문하신 스님의 말씀이 훗날 『무소유와 맑은 가난』을 미리 말씀하신 것 같았다.

그날 이후로 나는 혼탁한 세상을 맑고 청량하게 변화시키는 스님의 말씀을 기억하며 지친 마음을 달래곤 하였다. 스님께서 쓰신 신문 칼럼이나 출간 도서의 페이지마다 힘든 현실을 차분하게 최선을 다해서 풀어나가는 법과 무엇이 올바른 삶인지를 자신에게 묻게 하는 가르침을 읽고 나서는 매직펜으로 밑줄을 그어놓고 또다시 읽어보곤 하였는데 그때 읽은 스님의 책 속에서 특히 마음이 닿는 말씀이 있었다.

"행복은 문을 두드리며 밖에서 찾아오는 것이 아니다. 내 안에서 꽃향기처럼 들려오는 것을 행복이라고 한다면 멀리 밖으로 찾아 나설 것 없이 자신의 일상생활에서 그것을 느끼면서 누릴 줄 알아야 한다."

- 2004 『홀로 사는 즐거움』 중에서

법정 스님의 칼럼이나 책에서 감동을 받아 스스로 애독자가 되다 보니 나의 책장에는 스님의 책들이 유독 많다. 그래서 큰아들도 외국생활에서 휴가차 잠시 귀국할 때는 공항서점에서 법정 스님의 책을 구입하여 나에게 선물을 하곤 한다. 서고에 많지 않은 책 중에서 법정 스님의 책은 그 표지만 바라보아도 마치 깊고 깊은 산속의 맑은 호수를 보는 것 같고 욕심과 헛된 망상들이 저 멀리 사라지는 것 같은 큰 울림을 주시는 것 같아 기분이 숙연해지기도 한다.

독일인 의사가 쓴 책 『행복은 혼자 오지 않는다』에서 스님의 말씀과 같이 내 안에서 행복을 찾는 구절이 있어서 동서양의 행복을 찾아가는 길이 이렇게 같은가 하는 생각을 하기도 하여 그 구절을 옮겨본다.

"이웃집의 잔디는 언제나 내 집 것보다 더 푸르게 보이기 마련이고 심지어는 실제보다도 더 푸르게 보입니다. 하지만 자기 정원의 잔디가 더 푸르게 바뀌는 것은 시간문제입니다."

세상은 과거보다 더 복잡한 시대를 살고 있다. 그래서 이해하기 어려운 여러 신조어가 등장하여 새로운 언어의 변화들로 말미암아 인터넷과 신문의 행간을 들여다볼 때마다 놀라운 일만 가득할 뿐이다. 이럴 때 우리는 법정 스님의 말씀을 기억하고 우리들의 영혼에 한줄기 밝은 빛 같은 그 귀한 말씀을 기억하여야겠다.

분명 법정 스님께서는 마냥 앞만 보고 달려가는, 아니 제멋대로 뛰어가는 우리 모두에게 드라마 속 '대발이 아빠' 와도 같으신 분이셨던 것 같다. 스님께서는 '야니' 의 음악을, 또 어느 책에서는 '유끼 구라모토' 의 음악을 몇 번씩이나 감명 깊게 들으셨다는 얘기를 하신 적이 있었다. 오늘 밤 이 글을 쓰는 책상 위 CD Player에서 들려오는 '야니' 의 피아노곡 'In The Morning Light' 는 내가 가장 즐겨듣는 곡인데 법정 스님을 생각하면서 듣고 있는 이 시간이 왠지 스님을 뵙고 그 말씀을 듣는 상상을 하게 만드는 것 같다.

법정 스님! 많이 보고 싶습니다. 그리고 스님이 계신 그곳에서 혼탁한 이 시대의 모든 중생에게 밝고 맑은 깨우침을 주시기를 간절히 비옵니다.

윤&박 빌딩

손위 큰동서의 둘째 아들인 윤상철 세무사는 국립세무대학을 나와 일선 세무서에서 근무하다 점차 실력을 인정받아서 지방국세청의 요직으로 옮겨 근무하였다. 그의 성실한 성품으로 국세청에 근무하면서도 열심히 공부해서 어려운 세무사 시험에 합격하여 현재는 개업 세무사로서 열심히 활동 중이다.

오래전 내가 서울에서 생활할 때 조카 상철은 수원에 있는 세무대학을 다니고 있을 때였다. 하루는 급성맹장염으로 병원에 입원하는 일이 생겼는데 수술동의서에 보호자의 동의가 있어야 했다. 그때 큰동서 내외는 대구에 계신 까닭으로 당장에 병원으로 오시기에는 시간이 너무 촉박한 나머지 큰동서를 대신하여 내가 수술 동의서를 작성하고 무사히 수술을 마칠 수 있었다. 그렇게 수술을 끝낸 상철은 병실로 옮겨지고 나는 계속하여 그의 병간호를 하면서 대구에서 큰동서 내외분이 수원에 있는 병원에 도착할 때까지 보호자 역할을 한 적이 있었다. 그 후에 건강을 되찾은 상철은 퇴원 후에 다시 학교에 다니게 되었고 그것이 계기가 되어 수원에서 공부하는 조카에 대한 관심을 갖게 되었다. 또, 주말에는 잠실에 있는 우리 집으로 가끔씩 놀러 오기도 하여 함께 즐거운 시간을 보냈다.

세무대학을 우수한 성적으로 졸업한 상철은 고향인 대구, 경북에서 세무공무원으로 근무하게 되었고 특히 울산에서 의사로 근무하는 형을 대신하여 부모님께 극진히 효도하는 참으로 요즈음 보기 드문 효자라서 더욱 관심이 가는 조카이다. 그리고 영어학원을 운영하는 조카댁 박은경은 상철이와 연애결혼을 하여 나에게는 처질부가 되는데 시원스러운 큰 눈에 예쁜 얼굴로 늘 미소를 잃지 않고 상냥하며, 남다른 붙임성이 있어서 참한 인상을 주고 있다. 챙겨야 할 많은 시댁 식구들만 해도 힘에 버거울 텐데 시이모부인 나에게까지 세심한 배려를 아끼지 않고 내 생일을 기억하여 해마다 뜻깊은 선물을 보내주었다. 그래서 나도 그 마음을 고맙게 여겨 조카댁인 박은경의 생일에는 작은 케이크나 책 한 권이라도 사 들고 가서 축하의 마음을 나누기도 한다. 그러다 보니 마치 딸 같기도 해서 딸이 없는 나는 마음속으로는 나에게도 저런 예쁘고 상냥한 딸이 있었으면 하는 상상을 하기도 하였다.

어느 날 두 내외에게 말했다. 두 사람이 부지런히 일해서 나중에 작고 아담하고 예쁜 빌딩을 지어서 세무사 사무실과 영어 학원을 같은 건물에서 운영하다가 남는 공간에는 내가 작은 갤러리를 했으면 하는 우스갯소리를 한 적이 있다. 그때 빌딩을 지으면 빌딩 이름을 '윤&박 빌딩'으로 하면 좋겠다고 미리 작명까지 해두게 되었다. 그러면서 우리 큰동서 내외분은 참 복도 많으시구나 하는 생각을 하게 되어 속으로는 내심 부럽기도 하였다. 사실 노인 문제가 날로 심각해지는 오늘날에는 홀로 사는 노인들도 많고 외롭게 홀로 살다가 가는 고독사란 단어가 생겨나기도 하는 요즘 세태에 비추어 보면서 부모님 가까이에 아파트를 구해서 수시로 찾아 뵙고 안부를 묻고, 김장하는 날이면 바쁜 일도 잠시 미루어 두고 김장 도우미로 나서는 내가 사랑하는 조카 내외 같은 젊은이들만 있으면 우리나라의 노인 문제는 걱정이 없으리라 생각해본다.

세월이 빨리 갔으면 좋겠다는 희망을 가져본다. 언젠가 '윤&박 빌딩'이 생기는 그곳에 작고 예쁜 갤러리를 여는 그 날을 간절히 소망하며 나는 두 젊은 내외가 지금처럼 열심히 생활해 간다면 가까운 시간 내에 '윤&박 빌딩'이 우뚝 서는 날이 오리라고 꼭 믿는다. 윤상철 · 박은경 님, 오늘도 파이팅!

갑주 누님

누님은 50여 년 전 재일교포 사업가이신 매형과 결혼 후 일본 교토에서 신혼살림을 차려서 삼 남매를 낳으시고 매형과 함께 나염공장을 운영하면서 차츰 사세를 확장해서 대규모의 이름난 회사로 키우시고 이제는 2세에게 물려주시고 손자 손녀들의 사랑을 받으면서 행복한 할머니로 일본에서 살고 계신다.

누님은 일본에서 신혼살림을 시작한 그 옛날부터 지금까지 한국 친정에 대한 관심과 사랑이 남다르신 것 같다. 재호가 태어나던 해 새로 태어난 조카를 위해 신생아용 예쁜 옷을 계절별로 준비해서 국제 소포로 보내주셔서 당시 신촌에 있는 국제우편국에서 선물 보따리를 찾아온 기억은 아직도 생생하다.

그때 아기 옷을 입던 재호가 성장해서 몇 년 전인가 비자 연장관계로 일본에 있는 한국영사관에 들린 후 누님댁을 방문했을 때, 내외분과 온 가족이 따뜻한 환대를 해주시고 누님은 교토 시내의 백화점에서 멋진 양복 한 벌을 선물하기도 했다. 생각해보면 이 모든 것들이 나이가 들어서도 고국의 친정을 잊지 못하는 따뜻한 정에서 비롯된 것이란 생각이 들면서 고마운 마음 무어라 헤아릴 길이 없는 것 같다.

누님은 한결같이 친정에 대한 사랑과 생각이 남달라서 시집간 이후에 일본으로 유학을 간 사촌 동생들에게 물심양면으로 도움을 주시고, 낯선 일본 땅에서 든든한 울타리가 되어주셨다. 그러한 누님의 도움으로 학업을 마친 동생 중에는 지금 일본에서, 또 한국에서 유명대학의 교수가 되어 잘 살아가고 있어 누님의 배려가 좋은 결실을 보게 해준 것 같아서 다시 한번 고마운 마음을 전하지 않을 수 없다.

우리말에 '같이 늙어간다'는 말이 있다. 비록 일본과 한국이라는 거리는 있지만 요즈음 다들 손안에 들고 있는 전화기로 가끔씩 카톡 문자도 보내고 새해 인사도 하면서 그 옛날 아련한 추억들을 떠올리며 어린 시절의 누님, 동생으로 돌아갔으면 하는 마음이다.

모든 것이 낯선 일본으로 시집가서 오늘까지 한국에 있는 친정 식구들을 위해 많은 사랑을 베풀어주신 갑주 누님, 고맙습니다. 그리고 행복하게 지내십시오. 다음에 한국 오시면 우리 집에서 아내가 준비한 신토불이 반찬으로 따뜻한 식사 한 번 모시겠습니다.

공항의 이별

큰아들 재호가 삼성물산에 입사하여 처음으로 해외근무지인 러시아 모스크바로 가는 날이었다. 대구공항에서 비행기로 인천국제공항으로 가서 출국을 하는데 공항 검색대의 긴 행렬 속에서 차례를 기다리던 아들을 쳐다보다가 갑자기 눈물이 쏟아져서 주위의 시선도 아랑곳하지 않고 엉엉 울고 있었다. 지금의 이별이 어쩌면 다시는 못 만날 것만 같은 생각에 너무도 힘이 들어서일까 주체할 수 없는 서러움에 울고 있는데 아내와 둘째 재석이는 갑작스러운 내 모습에 놀라면서도 애써 슬픈 감정을 참고 있었다.

재호와의 숱한 이별의 순간들이 주마등처럼 지나간다. 이번이 몇 번째 이별인가? 서울에서 강남의 언주중학교 1학년 때 대구로 전학하여 나머지 학기를 마치고 졸업 후에는 과학 고등학교에 입학하였고, 과학고 특성상 집을 떠나서 기숙사 생활을 하게 되었지만, 그때는 주말마다 밀린 빨래보따리를 한 아름 안고 집으로 올 수 있었기에 헤어져 있다는 생각이 들지는 않았다. 그러나 그 후 과학고를 졸업하고 서울대학교 건축과에 합격해서 학교 기숙사로 출발하던 날부터 내 곁에서 떠나는 아들과 이별의 시간이 길어지기 시작했다.

자식은 부모의 품속에서 키우기보다는 큰 도시로 내보내어서 많은 것을 보고 배우게 하는 것이라고 사람들은 말을 하지만 내 생각은 함께 살아가면서 매일 아침저녁으로 밥상을 마주하면서, 때로는 아내가 만들어주는 정성스러운 술안주에 소주잔도 같이 나누면서 담소를 나누기도 하고, 일요일이면 동네 목욕탕에서 서로 등도 밀어주고 집으로 오는 길에 빨개진 얼굴로 아이스크림도 같이 먹는 그런 소소한 추억을 만들고 살았으면 하는 것이 나의 작은 바람이었다. 그러나 어디까지나 그것은 부질없는 내 욕심으로 자식의 앞날을 위해서는 사사로운 감정을 줄여야 한다고 자신을 위로 해본다.

민족마다 풍습이 다르지만, 서양 사람들의 애정표현은 매우 직설적으로 껴안거나 가볍게 뺨에다 뽀뽀하기도 한다. 영화에서 아들과 부모가 오랜만에 만나서 아버지에게 달려와 뜨겁게 포옹을 하고는 뺨을 비비면서 반갑게 인사하는 장면을 보고 나는 너무도 부럽게 느낀 적이 있다. 왜냐하면, 우리는 매우 유교적이고 엄숙한 풍습에서 성장한 탓으로 사내대장부는 함부로 감정을 표현하기보다는 숨겨야 한다고 배웠다. 그래서 남자는 태어날 때와 나라를 잃었거나 부모님이 돌아가셨을 때만 눈물을 보여야 한다고 한다. 남자들뿐만 아니라 예전의 우리 어머님 할머님들도 슬픈 이별의 순간순간에 행주치마에 눈물을 감추고 애써 참아내는 모습을 보여주었다.

그러나 이제부터는 자신의 감정을 충실하게 드러내어 이별의 순간이나 만남의 순간에도 기쁨과 슬픔을 나타내는 스킨십으로 사랑하는 아들과 뜨거운 심장을 마주하고서 온몸으로 감정을 전달하고 싶은 마음이다. 그렇게 생각하는 아빠의 소망이 이심전심 통했는지 아들은 모스크바를 거쳐서 UAE의 두바이로 또 뉴욕의 콜롬비아 대학원으로, 「TIAA」에 취직해 있을 때나, 결혼해서 뉴욕에 신혼살림을 차리고 첫 손녀 은세와 휴가를 오던 때에도, 숱한 공항의 만남과 이별의 순간마다 점점 작아지는 아빠를 넓은 가슴으로 안아주는 미국식 인사법을 잊지 않는다.

사람은 나이가 들어가면서 다시 아기가 된다는 말이 생각난다. 그래서일까? 점점 아들의 사랑을 그리워하면서 아이처럼 되어가는 내 모습을 본다.

일찍 잠자리에든 아내가 엷게 코를 골면서 돌아눕는다. 아내의 새근대는 숨소리를 들어보니 혹시나 꿈속에서 미국 사는 아들을 만나러 간 것은 아닌지 모르겠다. 나도 빨리 자야겠다. 아들의 넓은 품속을 생각하면서…….

오래오래 건강하게 살아서 아들의 따스한 정을 느끼는 순간들이 많았으면 하는 희망을 품어보는 늦은 겨울 저녁이다.

합동세배 하는 날

해마다 설날이 지나고 첫 번째 토요일 저녁 6시에 교통이 편리한 시내의 한정식집에서 대구에 계신 일가친척 어른들을 모시고 다 같이 세배를 하면서 한해의 안녕과 건강을 기원하는 우리 가족만의 합동 세배를 갖는다. 아마도 10년 가까이 이어져오는 우리 집안 최대의 행사인 셈이다.

예전의 어린 시절에는 설날이면 집집마다 찾아다니며 세배를 드리곤 했었는데 복잡한 교통 사정과 아파트생활로 인한 불편함, 그리고 손님맞이에 힘들어하는 주부들을 생각해서 일가친척들이 같은 장소에서 합동으로 세배를 하게 되었다.

행사 때마다 30여 명의 세배객들이 모여서 나이 순서대로 세배를 받으시고 덕담도 하시고 오랜만에 만나는 친척 간에 안부도 묻고 각자 집안에 경사스러운 일을 전하기도 하는 등 약 서너 시간에 걸쳐서 화기애애한 시간을 갖는다.

즐거운 식사와 얘기꽃을 피우고 헤어질 때면 주최 측인 동산회에서 준비한 작은 선물을 하나씩 들고 다음에 만날 날을 약속하면서 아쉬움의 발걸음을 옮긴다. 나는 이 모임이 그 어떤 모임보다도 더 뜻깊고 중요하며 또한 우리 집안의 화목과 번영을 기원한다고 굳게 믿고 있다.

예전에 설날이면 부엌에서 손님맞이에 허리를 펴지 못하고 애쓰시던 우리의 어머니들이 이제는 즐거운 파티에 가는 기분으로 잘 차려진 음식을 앞에 놓고 집안 친척들과 정다운 대화를 나누는 한결 가벼워진 그리고 기분 좋은 자리가 되기 때문이다. 그리고 학창시절 해를 더할수록 학년이 올라가듯이 지금은 긴 테이블의 아래쪽에서 어른들께 세배를 드리지만 언젠가는 내가 맨 윗자리에 앉게 될 날도 오리라는 생각에 새삼 자세를 바르게 하는 긴장감이 들기도 한다.

먼 훗날 내가 세배를 받는 날 열심히 살았다고 생각할 수 있도록, 그리고 세배하는 인생의 후배들에게 본보기가 될 수 있도록 더욱 정신 차려 몸과 마음이 온전한 '바른생활 할아버지'가 되어야겠다.

*동산회는 나의 증조부이신 東山 張鎭永 할아버지의 자손들이 집안의 친목과 영원한 번창을 기원하며 만든 모임이다.

청송 가는 날

아내는 빨간 사과가 탐스럽게 열릴 때면 청송에 사는 여동생 옥주네 사과밭에 가는 일로 가슴이 들떠서 며칠 전부터 사과 수확을 도와줄 일손도 구하고 행여 비가 오는 것은 아닌지 일기예보도 챙겨보면서 소풍 가는 아이들 마냥 좋아한다.

옥주는 남편인 조 서방(조현광)과 함께 열심히 농사를 지으면서 한우도 많이 키우고, 논농사도 대규모로 하는 속이 알찬, 성공한 부자 농사꾼의 아내이다. 해마다 사과수확기에는 많은 일손을 구해서 제때에 사과를 따야 하는 관계로 아내도 서툰 솜씨지만 보탬이 되는 마음으로 언니들과 같이 청송군 안덕면 노래리 과수원으로 기분 좋은 출발을 한다. 하루 종일 사과를 수확한다고 하지만 틈틈이 맛있는 새참도 먹고 점심은 온갖 맛있는 반찬으로 진수성찬을 차려서 아내의 표현대로 일은 조금만 하고 먹는 시간이 더 많았다고 즐거워하였다.

산골의 가을 해는 빨리도 저물어서 서둘러 돌아올 때면 품삯이라고 사과를 한 보따리씩 트렁크에 실어주면서 배추와 무도 같이 넣어주는 넉넉한 인심을 보여주어서 같이 간 일행들이 미안해하기도 한다.

옥주 내외는 물 맑고 공기 좋은 청송에 살면서 농업으로 성공한 사업가이면서 자식농사도 잘 지은 행복한 부부이다. 아들 재혁이는 남들이 그렇게 가고 싶어 해도 못 가는 해병대에 입대해서 가장 힘들다는 수색대에 근무하고 제대 후에는 백두대간을 완주하는 놀라운 의지력을 보여주었다. 그리고 지금은 대우건설에 근무하면서 장래가 촉망되는 사회인이다. 딸 화진이는 착하고 예쁜 외모만큼이나 명석한 두뇌로 삼성전자에 근무하다가 LG그룹에 근무하는 신랑을 만나서 지금은 미국 LA 근교에서 예쁜 아기와 함께 신혼의 재미에 푹 빠져 사는 것 같다.

언제인가부터 나는 조 서방 생일에 축하 전화를 하면서 안부를 묻는다. 그것은 옥주 동생을 위함보다는 열심히 땀 흘려서 오늘에 이른 두 내외의 성실함과 노력에 대한 나의 감사인지도 모르겠다.

옥주 동생의 집 마당에는 아주 오래된 호두나무가 한그루 있다. 가끔씩 여름철에 찾아갈 때면 호두나무 그늘아래의 평상 위에서 시원한 맥주도 한 잔씩 하고 개울에서 잡아 온 민물고기로 동생이 맛있게 요리한 도리뱅뱅이도 먹으면서 즐거운 한때를 보내곤 한다. 여름에는 무성한 잎으로 뜨거운 햇살을 가려주고 가을에는 주렁주렁 매달린 호두를 선물하는 큰 호두나무처럼 옥주 내외가 살아가는 그곳은 내 마음의 쉼터가 되는 것 같다.

올가을에는 그 쉼터의 주인 부부를 만나러 예쁜 아내와 같이 가을 여행을 떠나야겠다.

제2부

빨간 공중전화기

열린음악회

악학궤범 서문에는 "악(樂)이란 하늘에서 나와서 사람에게 깃든 것이요. 허(虛)에서 드러나 자연에서 이루어지는 것으로서 사람의 마음으로 하여금 느끼게 하여 피와 맥박을 뛰게 하고 정신을 유통(流通)케 하는 것이다." 했다. '음악이란 무엇인가?' 하고 생각해보면 이 글이 가장 잘 어울리지 않을까 생각한다. 그래서 나는 일요일 오후 6시가 되면 KBS의 「열린음악회」를 꼭 보려고 애쓴다. 어쩌다 외출을 하여도 방송시간에 맞추어 서둘러서 귀가한다. 그리고는 가장 편안한 복장으로, 가장 편안한 자세로 한 시간 동안의 음악 여행을 떠난다. 가끔은 시원한 캔 맥주도 곁에 두고서…….

열린음악회를 마주하면 나는 이상한 매력에 심취되어서 마치 허기진 사람이 맛있는 음식을 배불리 먹고서 포만감을 느끼듯이 가슴이 행복감으로 꽉 차면서 한편으로는 60분에 대한 아쉬움도 남는다. 생각해보면 열린 음악회 60분간은 어쩌면 우리네 인생살이와도 같다는 생각을 하게 된다. 처음 시작하는 무대의 젊고 발랄한 노래에서는 20대의 패기와 무한한 가능성을 보여주고 있다면, 중반부의 클래식이나 우리 가곡에서는 인생의 삶 속에서 겪어가는 결혼, 취직, 승진, 좌절 그리고 새 생명의 탄생 등 우리가 겪는 조금은 엄숙한 순간이나 환희와 고통의 순간들을 노래하고, 후반부의 흥겨운 가요에서는 모든 어려움을 딛고 열심히 살아온 지난날들을 되돌아보면서 자축하는 느낌이 들기도 한다.

우리 인생살이도 「열린음악회」의 마무리같이 흥겹고 즐거운 마음으로 자신이 걸어온 발자취를 돌아보면서 '그래, 열심히 살아왔어' 하는 대견해 하는 마음으로 살았으면 한다. 옛말에 '끝이 좋으면 모든 것이 좋다' 는 말이 있다. 지금 우리는 자신의 위치에서 언제인지모를 삶의 끝을 향해서 한 걸음 한 걸음 내딛고 있다. 그리고 그 마지막 인생의 후반부가 정말 어깨춤이 덩실덩실 신명이 절로 나는 순간이 되었으면 하는 바람일 것이다. 그러기 위해서는 오늘을 살아가는 우리는 지금 이 순간순간을 맑고 깨끗한 마음으로 의미 있게 살았으면 한다. 그렇게 살아가노라면 분명 끝에는 신명 나는, 살맛 나는, 희망의 나라, 아니 환희의 나라가 될 것이다.

문득 법구경의 한 구절이 생각나 옮겨본다.

*"우리는 우리의 생각이다
모든 것이 생각에서 나온다
생각으로 우리는 세계를 만든다*

*깨끗하지 못한 마음으로 말하고 행동하라
어려움이 뒤를 따를 것이다
수레가 황소 뒤를 따르듯이*

*깨끗한 마음으로 말하고 행동하라
행복이 뒤를 따를 것이다
깨어지지 않는 그림자처럼"*

- 오쇼 라즈니쉬의 〈법구경 해설집〉 중에서

작은 시험에 들게 하소서

우리 삶 속에 존재하는 요소의 하나로 종교를 말할 수 있다. 물론 나에게도 종교가 있지만 다른 종교임에도 불구하고 기독교의 주기도문 중에서 내가 좋아하는 구절이 있다. 「……우리를 시험에 들게 하지 마옵시고……」라는 구절이다. '시험(試驗)' 이란 보통은 Test 한다는 말로 생각하지만, 문자만 보아서는 무엇을 뜻하는 것인지 잘 알지 못한다. 하지만 성경 전체의 뜻을 가지고 살펴보면 유혹에 빠지지 않게 해달라는 말로 이해된다. 그럼 유혹은? 영어로는 Temptation, 사전에는 유혹(誘惑)이란 '남을 꾀어서 정신을 혼미하게 하거나 좋지 않은 길로 이끌다.' 로 정의 한다.

인간이 살아가다 보면 시험에 들지를 않을 수가 없다. 그만큼 세상을 살다가 보면 많은 유혹에 노출되어있어 인생은 시험의 연속이다. 사람이 처음 태어나서 성장할 때까지 사회생활을 하다가 결혼을 하고 가정을 갖고 내가 책임져야 할 식구가 하나둘씩 생기면서 가장으로서 사회의 구성원으로서 살아가는 삶의 순간순간들은 하루하루가 시험의 연속인 것 같다. 더구나 그 시험은 때로는 이제까지 상상도 못 해본 예측이 어려운 시험일 때도 있어서 마치 캄캄한 동굴 속을 촛불 하나에 의지해서 가야 하는 아주 힘든 시험일 때도 있었던 것 같다. 그러나 우리가 지나온 나날들을 뒤돌아보면 삶의 순간들이 시험 아닌 것이 없다는 생각이 드는 것은 나이가 들어가면서 점점 더 소시민적 소심증이 심한 자신만의 생각은 아닌 것 같다. 지난 세월 속에서 거쳐 온 숱한 시험들의 결과는 정답보다는 오답이 더욱 많았고 다음에는 이러지 말아야지 하는 후회의 순간도 함께했던 것 같아서 많이 부끄러운 마음이다.

청년, 장년의 시기를 지나서 어느덧 노년층에 접어들어선 나 자신이 지금 마음속으로 염원하는 한 가지 소원이 있다. 그것은 내가 믿는 부처님, 그리고 하늘에 계신 할아버지 할머님께 간절히 소원하는 것인데 우리 온 가족이(미국에 사는 재호 식구까지) 일상의 생활 속에서 제발 시험에 빠지지 않게 하시옵고, 꼭 시험에 들게 하신다면 제발 작은 시험에 들게 해주시기를 간절히 비는 마음이다.

우리의 삶이 가끔씩 작은 실수와 어두운 밤길에 돌부리에 걸려서 넘어지듯이 소소한 아픔과 시험들의 이어짐 속에서 면역력을 기르고 험한 세상을 이겨낼 든든한 맷집도 키우고 자신감과 용기도 함께하면서 어제보다 나은 내일이 되기를 기도하오며, 그리고 아침에 일어날 때는 두 내외가 어젯밤 잠자리에 들 때와 똑같이 멀쩡한 몸과 온전한 정신으로 일어나게 해 주시옵고, 혹시나 몸살, 감기, 배탈 기운이 있으면 그냥 집안의 상비약 한 알 먹고 씻은 듯이 낫게 해주시고 차를 몰고 수많은 차량의 홍수 속에서 어쩌다가 속도위반을 해도 마음씨 착한 교통경찰관을 만나서 그냥 싼 걸로 하나 끊어달라는 부탁도 들어주게 하시고, 멀리 미국에 있는 아들의 전화통화 목소리에 감기 기운이 있으면 오렌지 많이 먹고 한인 슈퍼에서 우리나라 만병통치약 ○○쌍화탕 한 병 먹고 툭툭 털고 일어나게 해주시고, 복잡한 뉴욕 지하철이 어쩌다가 파업이라도 하는 날에는 마음씨 좋은 미국사람의 좋은 차 얻어 타고 회사에 지각하지 않게 해주시고, 레지던트 1년 차인 재석이도 응급실 근무하면서 깍두기 형님 같은 무시무시한 환자가 오더라도 TV 뉴스처럼 활개를 치면서 공포 분위기 조성하지 않고 순한 어린양처럼 잘 치료받고 빨리 퇴원하게 해주시고, 병아리 의사 선생님 재석이가 환자에게는 「건강에 해로우니 술, 담배를 줄이시던지 아예 끊으세요.」 하면서 자기들은 수술하고 피를 많이 보고 긴장했다는 마음으로 피같이 귀한 양주를 물같이 마시고 폐에 구멍이 송송 난다는 담배를 마구 태워서 애국하는 이상한(?) 의사 선생님이 아니 되게 해주시옵기를 종합선물세트 같이 묶어서 비옵니다. 그리고 하루하루의 복잡한 일상 속에서 제발 작은, 그냥 소소한 시험에 들게 하여서 매사에 감사할 줄 알고 남을 많이 배려할 줄 아는 그냥 착한 남편이요, 아버지, 할아버지로 봄 여름 가을 겨울을 온전하게 느끼면서 살게 해주시고, 늘 고생하는 작고 예쁜 아내에게 봉사하는 설거지 잘하는 팔불출 남편으로 살아가게 해주시기를 비옵니다. 너무 희망 사항이 많으면 적당히 들어주셔도 감사하겠습니다.

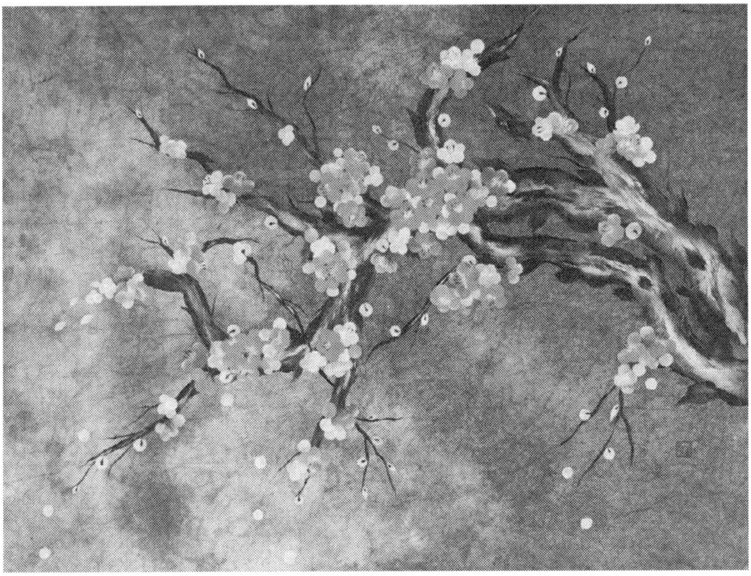

너를 위해서 나 살거니

서예가 우심 정옥태 님의 서예작품 한 점을 구입해서 현관 벽면에 걸어두고 집에 들어올 때마다 읽어본다.

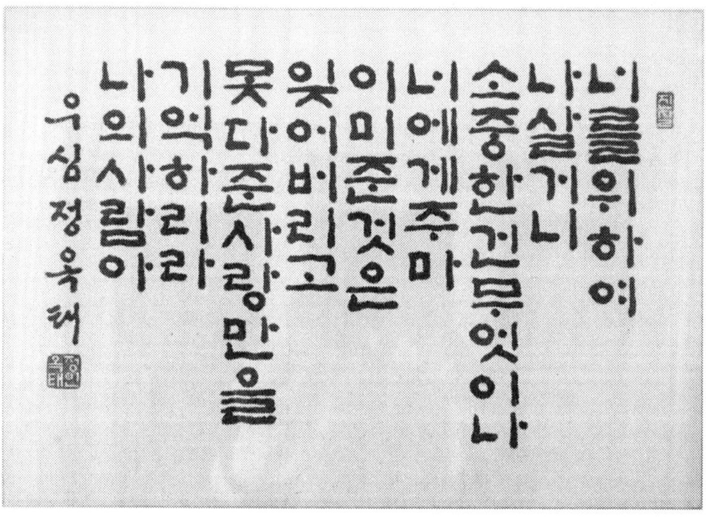

"너를 위하여 나 살거니

소중한 건 무엇이나 너에게 주마

이미 준 것은 잊어버리고
못다 준 사랑만을 기억하리라
나의 사람아"

이 시의 작가를 몰라서 궁금해하다가 우연히 김남조 시인의 「너를 위하여」라는 시의 한 구절인 것을 알게 되었다. 시인이 말하는 너는 아내를 뜻하는 것 같아서 더욱 가슴에 와 닿는 시였다.

평생을 많이 부족하고 많이 까다롭고 유별스러운 남편을 위해서 자신의 속옷은 해지고 구멍이 나곤 하여도 남편의 속옷과 셔츠와 양복은 계절에 맞게 빠짐없이 준비해서 매일 아침, 양복에 어울리는 셔츠와 양말까지 하루도 빠짐없이 준비해주는 아내. 그런 습관에 젖어서인지 아침마다 출근할 때면 의례 아내에게 오늘의 패션 검사를 받고 출근하는 버릇이 생겨나게 되었다.

아내는 예전의 우리 할머님들이 그러하였듯이 어쩌다가 찬밥이 남아서 새 밥과 함께 밥을 지을 때는 맨 위의 찬밥은 자기가 먹는다고 고집을 부려서 나를 난처하게 하기도 한다. 요즈음은 밤늦게까지 한지 그림 작품 작업을 하느라 아침 식사를 내가 준비할 때가 가끔씩 있다. 그럴 때 찬밥이 있으면 나 역시 맨 위에 올려서 밥을 짓고, 내 밥그릇에 찬밥을 먼저 퍼두고 아내의 밥을 챙긴다. 작은 일이지만 시인의 시처럼 「너를 위해서 나 살 거니 소중한 건 무엇이나 너에게 주마」하는 심정으로 말이다.

지나간 많은 세월 속에서 직장 일을 핑계로 통금시간이 다되어 귀가한 날이 수도 없이 많았었고, 주머니가 가벼운 친구들을 데리고 사전 예고도 없이 집으로 와서는 술상을 차리게 하고, 하얀 와이셔츠는 날마다 벗어내어서 빨래와 씨름하게 하고, 가끔씩 술병에 몸살이 나서 어쩌다가 결근하는 날이면 곧 돌아가실 것 같이 엄살을 피우며 아내를 놀라게 하니, 작고 야윈 아내의 몸에 살이 붙을 날이 있겠는가 생각하니 그저 미안한 마음 숨길 곳이 없다. 늦게나마 철이 드는 것인지 나는 아내의 작은 키가 더 작아지기 전에 작고 보잘것없는 일이라도 아내를 위해서 내가 하려고 노력하는 중이다.

- 가끔씩 곤히 잠든 아내를 대신해서 아침밥 짓기(식은 밥은 꼭 내가 먹기)
- 저녁밥 먹고 설거지는 꼭 내가 하기
- 길가를 나란히 걸을 때는 내가 꼭 차도 쪽으로 걷기
- 국민연금 타는 날이면 꼭 아내와 외식하기
- 음식물 쓰레기와 분리수거는 꼭 내가 하기
- 아내의 생일선물은 이번 생일 다음 날부터 생각하고 미리미리 준비해서 아내를 기쁘게 하기
- 가끔씩 맛있는 맛집을 개발해서 아내를 기쁘게 하기

그리고 제일 중요한 한 가지! 오래전부터 시작된 아내에게 존댓말 하기. 나는 오래전 어느 날 갑자기 철이 났는지 아내에게 존댓말을 하기로 하고 아침에 눈을 뜨자마자 "여보, 오늘부터 내가 당신에게 존댓말을 하겠습니다." 하고 일방적인 통보를 하고는 어색한 존댓말을 시작하였다. 그 존댓말 한 마디 한 마디에는 숱한 세월 동안 자기희생과 내조의 힘으로 남편을 지켜준 수고로움에 대한 작은 감사의 의미도 있었고 늦었지만, 지금부터라도 내 마누라를 제대로 모시고 살고 싶은 뒤늦은 깨달음과 각오에서 비롯된 것이라고 생각된다.

십여 년의 시간이 지나고 이제는 존댓말을 사용하는 것이 전혀 어색하지도 않고, 아내와는 더욱더 가까워진 것 같고, 아내도 다른 사람들 앞에서 존댓말 쓰는 남편이 전혀 이상하지 않게 생각하고 자연스럽게 받아들이는 것 같다.

여보, 마누라님. 당신 덕분에 내가 지금 여기에 있습니다. 그리고 당신은 내 존재의 첫 번째 이유입니다. 어떤 말로도 표현 못 할 만큼 고맙고 사랑합니다. 지금 이대로 언제까지나 서로 기대고 마주 보면서 살고 싶습니다. 부디 이사할 때면 이삿짐 차에 같이 챙겨 가주시기를 간절히 부탁드립니다. 사랑하는 우리 마누라님!

나의 밤 기도는
길고
한 가지 말만 되풀이한다

가만히 눈 뜨는 건
믿을 수 없을 만치의
축원

갓 피어 난 빛으로만
속속들이 채워 넘친
환한 영혼의 내 사람아

쓸쓸히 검은 머리
풀고 누워도
이적지 못 가져 본
너그러운 사랑

너를 위하여
나 살거니
소중한 건 무엇이나 너에게 주마

이미 준 것은

잊어버리고

못다 준 사랑만을 기억하리라

나의 사람아

눈이 내리는

먼 하늘에

달무리 보듯 너를 본다

오직 너를 위하여

모든 것에 이름이 있고

기쁨이 있단다

나의 사람아

- 김남조 시인의 「너를 위하여」 전문

Kenny G 공연을 다녀와서

세계적으로 유명한 색소폰 연주가 Kenny G의 공연을 다녀왔다. 내가 특별히 좋아하는 Kenny G의 음악은 팝과 재즈의 중간 연주라는 평을 받고 있는데 색소포니스트 중 한국인에게 가장 잘 알려진 연주자다. 깊은 밤, 그의 감미롭고 낭만적인 연주를 들을 때면 음악에 취해 가끔씩 명상의 세계로 빠지고는 한다. 사실 그동안 문화생활이라고 책을 보거나 영화 관람이나 음악을 듣기는 했지만, 세계적으로 유명한 음악인의 공연을 직접 관람한 적이 별로 없었다. 그래서 그의 내한공연은 나에게 특별한 의미가 있었다.

엑스코 주차장을 빠져나와 공연장에 도착하니 벌써 많은 사람들이 줄을 서서 기다리고 있었는데 연령층도 다양해 그의 음악은 폭넓은 층에 사랑을 받고 있다는 것을 실감했다. 나도 설레는 마음으로 아내의 손을 꼭 잡고 함께 줄을 서 기다린 후에 S석이라는 앞줄에 앉았다. 얼마 후 불이 꺼지고 무대가 밝아지면서 그가 등장했다. 서양 사람으로는 매우 작은 156cm의 키에다 긴 곱슬머리의 Kenny G가 색소폰을 불면서 객석 뒤쪽에 있는 계단을 천천히 내려와 무대 쪽으로 걸어 나오는 모습을 우리는 숨죽이며 바라보았다. 집에서 듣던 친숙한 멜로디였지만 부드러우면서도 파워풀한 음색이 공연장을 가득 메우는 색소폰 소리를 라이브로 듣는 이 순간이 진정 꿈이 아닌가 싶어 흥분이 되고 심장이 기분 좋게 뛰는 것 같았다.

바쁜 생활과 비싼 티켓 비용 때문에 연주회는 엄두도 못 내고 지냈는데 재석이가 거금을 들여서 아빠 엄마를 세계적인 연주가와 만나게 해준 것이었다. 그래서 재석이 덕분에 서재 한 편에 몇 장씩 사다 놓은 Kenny G CD의 주인공을 바로 앞에서 보는 호사를 누리게 된 것이다. 그 순간만큼은 영화에서 본 것 같이 우아한 연주회에 초대받은 백작부인과 백작이 된 것 같은 착각에 빠진 듯했다.

문득 아주 오래전 서울에서 송년디너쇼를 다녀온 기억이 난다. 눈 내리는 어느 겨울밤 워커힐호텔에서 열린 패티김의 무대였다. 그때는 일반석이라 무대와도 먼 거리의 식탁에 앉아있었는데 공연이 시작되면 노래하는 가수에게 방해된다고 사회자가 독촉하는 바람에 식사도 하는 둥 마는 둥 하고 잔뜩 긴장하여 겨울밤의 정취는 미처 느껴보지도 못하고 노래만 건성으로 듣다 집으로 돌아온 것이었다. 그리고는 늦은 밤에 배가 고픈 나머지 라면을 끓여서 허기를 메운 씁쓸한 기억이 남아 있다. 생각해 보면 소문난 잔치에 먹을 것이 없다고나 할까? 하지만 이번엔 아들 덕분에 바쁜 일상의 모든 짐들을 잠시 내려놓고 아내의 손을 꼬옥 잡고서 가슴 가득 행복한 연주회의 뜨거운 분위기를 즐기고 왔다. 생각해보니 아들을 잘 둔 덕택으로 아빠 엄마의 문화 수준이 한 단계 업그레이드된 것 같다.

얼마 전에도 재석이는 우리 내외를 위해서 오페라 공연을 보여준 적이 있었는데, 그날도 배우들의 화려한 무대의상을 가까이에서 볼 수 있을 만큼 좋은 자리를 마련해주었다. 오페라 공연은 시간이 오래 걸려서 중간에 쉬는 시간에 아내의 손을 잡고 아트센터 복도로 나와 휴식을 하다가 이웃 가게의 부부를 만나 반가운 인사도 나누었는데 그 모습이 마치 사교모임에 온 것 같은 착각에 빠지게도 했다.

병원 업무로 항상 바쁘지만 둘째는 멀리 미국에 사는 형을 대신해서 형의 빈자리까지 채워주는 세심한 배려를 잊지 않는다. 해서 나는 아들이지만 딸 같다는 생각이 들 때도 가끔 있다. 어느 해인가는 아내의 생일날 작고 예쁜 산세비에리아 화분을 선물해 주어 아내는 정성스레 잘 키워서 큰 화분으로 분갈이도 하였다. 엄마 생일에 꽃 화분을 선물하는 아들이 과연 몇 명이나 될는지…, 또 가끔은 내가 좋아하는 장르의 영화가 개봉되면 예매해 두었다고 하면서 아빠 엄마에게 영화관데이트를 선물하기도 하는 기특한 아들이다. 아무튼, 오늘 밤은 문화의 감동으로 쉬 잠이 오지 않을 것 같다.

공중보건의 아들 면회 가는 날

2010년 4월 30일. 아내와 나는 아침 일찍 88고속도로를 타고 광주로 출발하였다. 공중보건의로 발령받아 광주교도소에서 근무를 시작한 재석이를 만나러 가는 길이었다. 며칠 전 4월 26일부터 근무를 시작했으니까 닷새 만에 만나러 가는 셈이다. 약간은 이른 점심시간 무렵에 도착한 우리 내외 앞에 재석이는 반가운 얼굴로 인사를 하고는 근처 식당으로 안내하였다.

새로 부임한 의사 선생님의 부모님이 오신다는 소식에 재석이 사무실 윗분들이 미리 예약을 해놓은 식당에는 전라도 특유의 음식들이 정갈하게 차려진 점심상이 준비되어있었다. 반찬은 셀 수 없을 만큼 많았고 하나같이 맛이 있어서 밥 한 그릇을 순식간에 비우고 말았다. 식사를 마친 후 식대를 지불하려고 하였지만, 윗분들이 대접하신다고 주인아주머니는 극구 사양을 하였다. 그렇게 맛있는 점심식사를 끝내고 교도소 인근의 직원들이 거주하는 사택용 아파트로 갔다.

5층 건물에 재석의 숙소는 3층에 있는 방 2칸짜리 아파트를 배정받았는데 시간이 없어서인지 집에서 가지고 간 의학서적과 이불 보따리를 급한 대로 이방 저 방에 넣어두고 있었다. 그곳은 주로 남자 의사들이 혼자서 거처하던 곳인지라 청소가 제대로 될 리가 없었다. 그래서인지 여기저기 전임자들이 남기고 간 잡동사니와 폐가전제품도 있었다. 그래서 아내는 주방과 이불장 등을 청소하고 나는 준비해 간 긴 고무호스를 수도꼭지에 연결해서 3층부터 1층 현관까지 한 계단 한 계단씩 깨끗이 청소를 하다 보니 문득 예전 서울에서 5층짜리 아파트에 살 때 일요일 아침마다 계단청소를 하면서 5층에서 물을 부어서 4층까지 청소하면 4층 세대는 3층까지 이어서 청소하던 생각이 났다. 하지만 여기는 임시로 거주하는 관사용 아파트 인지라 내다보는 사람도 없고 나 혼자서 약간은 힘이 들었지만, 사랑하는 아들이 밟고 다니는 계단이니까 더욱 깨끗하게 해야겠다는 생각에 구석구석 묵은 때를 씻어내었다. 그리고 일요일 오후의 햇볕이 좋아 이불과 담요도 놀이터 철봉대 위에 널어 일광욕도 시켰다. 그랬더니 몇 시간의 수고 끝에 총각 선생님의 거처는 그런대로 불편함이 없는 환경이 되었다.

몇 시간 동안의 청소를 마친 후 우리 내외는 커피와 과일로 휴식을 취하고 재석이를 남겨두고 대구로 출발하였다. 불과 몇 시간의 거리지만 막상 아들만 혼자 남겨두고 돌아서는 발걸음이

어찌나 무겁고 가슴이 아리던지 재석이의 얼굴을 제대로 쳐다보지도 못하고 차에 올라 집으로 향하였다. 집에서는 아무리 나이가 들어도 마냥 어린아이 같았는데 벌써 저만큼 자라서 사회에서 필요로 하는 의사 선생님이 되어 부모 곁을 떠나있게 된 현실이 한편으로는 가슴 뿌듯한 대견함도 있지만 낯선 광주 땅에 혼자 남겨두고 돌아서는 우리 내외의 마음은 무겁기만 하였다.

광주는 겨울이면 대구보다는 눈이 많이 오는 고장인데 주말마다 집에는 잘 올 수 있을는지 걱정하는 나에게 아내는 "벌써부터 겨울을 걱정하면 어떡해요" 하면서 잘해나갈 것이라고 너무 걱정하지 말라며 위로를 해준다.

두 아들과 한집에서 일요일 아침마다 이불 속에서 같이 뒹굴면서 살 냄새를 맡던 그때가 새삼 그리워지는 순간이다. 하지만 눈앞의 현실은 내 품속을 떠난 자식의 뒷모습을 바라보면서 가슴 앓이하는 나이 많은, 그래서 늙어가는 아버지인 자신을 다시 한 번 확인하는 시간인 것 같다. 재석이가 근무하는 곳이라서인지 오늘따라 광주가 낯선 도시가 아닌 것만 같은 생각이 든다. 이제부터는 일기예보를 할 때는 대구 날씨만큼이나 광주 날씨도 함께 챙겨봐야겠다.

행여나 우리 아들 추울까 봐.

빨간 공중전화기

1977년 7월 16일은 큰아들 재호가 태어난 날이다. 나에게 그 순간은 신비로운 기적이고 축복이었다. 밤하늘의 수많은 별처럼 많고 많은 인연 중 나에게로 찾아와준 아들은 이 세상 그 누구도 대신 할 수 없는 오직 한 사람으로 그 기쁨을 주체할 수 없었던 나머지 나는 지인들에게 아들이 태어났음을 알리기 위해 병원 구내에 있는 공중전화기 앞에서 10원짜리 동전을 가득 들고 열심히 다이얼을 돌리고 있었다.

"사모님 안녕하십니까? 저 경리과에 근무하는 미스터 장입니다."

"네, 그런데 이 밤에 어쩐 일이세요?"

"저기 사모님, 제가 아들을 낳았거든요. 그래서 사장님께 알려드리려고요."

"아, 네 사장님은 지금 주무시는데요, 내일 아침에 전해 드릴게요. 축하해요, 미스터 장. 이만 끊을게요."

철컥! 하고 수화기를 내려놓는 소리를 들어보니 아마도 막 잠이 든 때에 전화를 받고 잠이 깨어서인지 썩 반기는 음성이 아니었다. 하지만 그 순간의 나 자신은 아무나 붙잡고 '제가 아들을 낳았습니다(사실은 아내가 낳았지만)' 하고 외치고 싶은 기분이었다. 그때 내 나이 스물아홉, 결혼 1년 1달 4일 만에 장승우에게 아들이 태어난 것이다. 흥분된 마음으로 머리에 떠오르는 대로 여기저기에 전화를 걸었다. 그러다 보니 막 잠자리에 드는 몇몇 사람들에게 잠을 깨우기는 했지만 그런 것은 아랑곳하지 않고 득남소식을 알리려고 하다 보니 마치 급하게 달려가는 불자동차 같은 모습이었다.

지금은 스마트폰의 대중화로 점점 사라져가고 있는 빨간 공중전화기는 흘러간 영화에서나 아니면 골동품 가게에서나 찾을 수 있어 때로는 추억의 한 장면으로 남아 있을 뿐이다. 요즘 신세대들은 산부인과에서 아기가 태어나면 핸드폰으로 찍은 사진이나 동영상을 보내거나 디지털카메라로 찍어서 발 모양의 본을 만들기도 하고 인터넷 홈페이지에 올리고 온갖 방법을 동원하겠지만, 그때는 기쁜 소식을 전하는 데는 빨간 공중전화기 외에는 뛰어가서 전하는 길밖에 없었다.

지금도 그때가 그리운 것은 처음으로 아버지가 된 것을 마냥 자랑하고 기뻐했던 날이었기 때문이었지만 시간은 바람을 따라 한없이 흘러가서 이제는 큰아들 재호가 결혼을 하여 그때와 똑같이 아기를 낳았다는 소식을 듣게 될 날이 다가오는 것 같다. 곧 아들도 그날의 나와 같이 아버지가 되었다는 기쁨에 들떠서 핸드폰으로 반가운 소식을 전해올 것이다. 불과 몇십 년 사이에 기쁜 소식을 전하는 수단도 손가락으로 둥근 다이얼을 돌리는 빨간 공중전화기에서 단축번호 하나만 누르면 바로 통화되는 편리한 세상으로 바뀌었지만 그래도 나는 십 원짜리 동전을 한 움큼 들고서 윙~하는 신호음을 내며 찰카닥 동전을 받아먹던 그 옛날의 길거리표 빨간 공중전화기에 매달려서 기쁘고 슬픈 소식을 전하던 그때가 지금보다 덜 삭막하고 사람 사는 냄새가 나는 것 같다. 그 시절에는 긴 줄의 끝에 서서 눈앞의 세상을, 다가오는 내일을, 설레는 마음으로 천천히 기다리고 살았기 때문이 아닐까 생각되는 밤이다.

목욕탕 가는 날

아주 오래전에 MBC 라디오의 DJ 중에서 임국희라는 베테랑 아나운서가 있었다. 유독 청아하고 경쾌한 음성을 지닌 그녀가 진행하며, 전국에서 보내오는 수천 통의 편지에 담긴 사연들을 전해주는 프로그램이 있었는데 가만히 들어보면 참으로 정겨운 사연이 많았다. 그중 시간이 흐를수록 더욱 절실히 공감하게 된 이야기는 '가장 한국적인 부자지간의 모습 중 하나는 아빠와 아들이 추운 겨울날 동네 목욕탕을 다녀오는 길에 빨개진 볼을 비비며 아이스크림을 입에 물고 골목길을 같이 걸어가는 모습' 이라는 사연의 이야기였다.

다행히 나에게도 아들이 둘 있어 그 사연을 듣던 그 날은 그저 고개를 끄덕이며 '그렇겠구나' 하고 생각하였다. 나도 아들이 초등학교 무렵까지는 휴일이면 두 아들과 함께 동네목욕탕에서 고사리 같은 손으로 서로 등도 밀어주고 목욕탕을 나와서는 라디오의 사연처럼 빨개진 얼굴로 아이스크림도 먹곤 했었다. 하지만 세월이 지나고 아이들이 성장하는 만큼 자기들의 일들이 많아지니 함께 목욕탕 가는 일이 점점 줄어들어 아름다운 추억처럼 그리워지기도 하였다. 특히 큰아들 재호는 과학고등학교로 진학하여 기숙사 생활을 하게 되면서 집을 떠나있는 시간이 점점 많아지게 되었다. 그리고 대학을 졸업할 때까지 헤어져 있는 시간은 계속되었다. 휴일에 어쩌다 집으로 오는 날이면 실로 오랜만에 우리 세 남자는 제일 먼저 동네 목욕탕으로 가서 뜨거운 탕 속에 몸을 담그고서 즐거운 마음으로 그간의 안부도 묻고 등도 밀어주면서 이별의 빈자리를 메우듯 많은 이야기를 하다 보면 순간적으로 서로가 부자지간의 수직적 관계를 떠나 마치 친구 같은 수평적 관계로 바뀌는 것 같아서 더욱 친밀감이 느껴지곤 하였다.

나의 애인 같은 두 아들은 아버지의 마음을 헤아리기라도 하듯 가끔씩 함께 목욕탕 가는 행사에 기꺼이 어깨를 나란히 해주며 나를 기쁘게 해준다. 오늘은 내가 조금 더 욕심을 내 면 훗날 손자가 태어나면 3대가 나란히 목욕탕을 다녀오는 길목에서 다 같이 아이스크림을 입에 물고 골목길을 나란히 걸어가는 행복한 그 날을 상상해보면서 문정희 시인의 「아들에게」라는 시를 음미해 본다.

아들에게

-문정희

아들아
너와 나 사이에는
신이 한 분 살고 계시나보다

왜 나는 너를 부를 때마다
이토록 간절해지는 것이며
네 뒷모습에 대고
언제나 기도를 하는 것일까?

네가 어렸을 땐
우리 사이에 다만
아주 조그맣고 어리신 신이 계셔서

사랑 한 알에도
우주가 녹아들곤 했는데

이제 쳐다보기만 해도
훌쩍 큰 키의 젊은 사랑아

너와 나 사이에는

무슨 신이 한 분 살고 계셔서

이렇게 긴 강물이 끝도 없이 흐를까?

두 분의 장모님

나는 장가를 가면서 두 분의 장모님을 모시게 되었다. 첫 번째 장모님은 아내를 낳아주시고 키워주신 분이시고 처가 식구들이 모두들 입을 모아서 두 번째 장모님이라고 얘기하시는 분은 바로 아내의 고모님이시다.

나에게는 처고모가 되시는데 아내가 안동 고향을 떠나서 부산에서 직장생활을 할 무렵, 아들만 둘을 낳으신 처고모님 내외분께서 친딸같이 생각하시고 한집에서 생활하게 되었다고 한다. 내외분께서는 아내를 무척이나 귀하게 아껴주셨고 나에게도 각별한 사랑을 베풀어주셔서 주위 분들이 장모님이 두 분 계신다고 하는 얘기가 실감이 나는 때가 많았다.

신혼살림을 차리고 아이들이 태어나 후에는 부산에서 서울까지 오셔서 아이들도 안아보시고 아파트도 둘러보시면서 마치 시집간 딸네 집에 오신 듯이 많은 관심과 사랑을 베풀어주신 고

마우신 분이셨다. 고모부님이 돌아가신 후에는 내가 전화를 드려서 안부도 물으면서 딸네 집에 오셔서 바람도 쐬고 쉬었다 가시라고 말씀드리면 가끔씩 방문하셔서는 아내와 모녀같이 많은 대화도 나누시고 사위가 좋아하는 맥주를 사주시기도 하셨다. 그 무렵 아내도 일찍 하늘나라로 떠나신 친정어머니의 빈자리를 확인이라도 하듯이 처고모님이 어쩌다가 집으로 방문하시면 많이 좋아하고 활력이 솟는 것 같았다.

고모님께서는 아들만 둘을 낳으셨는데 첫째 구현 처남은 총각 시절 서울에서 직장생활을 하면서 우리 집 부근에 방을 구해서 자주 왕래를 해서 아이들도 많이 좋아하는 사이였다. 그리고 직장생활을 하면서 열심히 공부해서 「저탄소강의 질화침탄과 산화처리 시 분위기변화에 따른 조직 및 부식특성에 관한 연구」라는 어렵고도 긴 제목의 논문으로 2002년도에 박사학위를 취득하는 놀라운 일을 보여주었다. 그리고 그 박사학위 논문 후기에 감사의 뜻으로 우리 내외의 이름을 올려서 또 한 번 감격하게 만들기도 하였다.

작은아들 보현 처남도 나를 친매형같이 생각하고 안부 전화도 자주 주고받으면서 어느 해 여름에는 두 가족이 부산의 바닷가에서 처고모님을 모시고 즐거운 시간을 보내기도 하였다.

세월이 흘러서 처고모님이 운명하시던 날, 아내와 나는 장례식장의 영정 앞에서 흐르는 눈물을 감출 수가 없었다. 딸 같은 아내에게 또 사위처럼 아껴주신 나에게 당신께서 베풀어주신 크나큰 사랑은 영원히 우리 부부의 가슴속에 남아 있을 것 같다. 그리고 나는 해마다 돌아오는 제삿날에는 창원에 있는 구현 처남에게 전화를 걸어서 하늘나라에 계신 처고모님 내외분의 안부를 묻곤 한다. 많이 그립습니다. 그리고 보고 싶습니다.

죽강여사(竹岡女史)

재호가 초등학교 1학년 무렵이었다. 서울 영등포구 당산동에 살던 때, 아내는 아파트 부근에 있는 서예학원에 다니게 되었다. 그 후로 아내는 한문과 한글서예를 오랜 기간 꾸준하게 공부하면서 작품발표회도 하곤 하였는데, 그때 서예학원에서 지어준 호가 대나무 죽(竹) 언덕 강(岡) 죽강(竹岡)으로 아내 김창숙의 호(號)

가 되었다. 그냥 쉽게 해석하면 대나무가 있는 언덕으로 생각이 들지만 고향 동네인 봉계리에서 보던 대나무가 바람에 이리저리 흔들리는 풍경처럼 때로 竹岡이라는 호가 아내의 삶에 순간순간 진하게 배어든 것을 느낀다.

예로부터 대나무는 선비들이 사군자를 일컬을 때면 빠지지 않았고, 그 대나무가 언덕 위에서 바람을 맞아 이리저리 흔들리면서도 부러지지 않고 자신의 위치를 굳게 지켜나가는 모습이 지금까지 살아온 아내의 모습과 너무나 닮은 것 같다. 내가 기억하기로도 아내는 한 번도 크게 박장대소를 하면서 웃거나 대성통곡을 하면서 우는 모습을 보지 못했다. 그저 웃음이 날 때는 엷은 미소를 머금거나 또는 슬픈 일이 있어도 혼자 소리 없이 눈물을 흘리는 모습이 결코 자신의 감정을 겉으로 표현하지 않고 속으로 삭이는 전형적인 우리나라의 어머니인 것 같다.

누군가 '아내는 제2의 어머니' 라고 얘기한 기억이 난다. 얼마 전 돌아가신 운보 김기창 화백은 자신이 세상에서 가장 사랑한 사람은 어머니와 아내라고 얘기한 적이 있다. 나는 지금도 세상에서 가장 사랑한 사람은 할머니와 竹岡 김창숙 여사라고 굳게 생각하고 있다. 그것은 모든 면에서 많이도 부족한 나를 만나서 삼십 년 가까이 살아오면서 오직 남편과 두 아들을 위해 숱한 세파에 시달리면서도 결코 좌절하지 않고 꿋꿋한 모습으로 늘 미안해하는 나에게 "언젠가는 좋은 날이 오겠지요. 지금은 적은 힘이나마 보탬이 될게요." 하면서 범어동에서 운영하던 칼국수 식당에서, 때로는 주방을 지키면서, 온갖 험한 일도 마다않고 더운 여름, 추운 겨울을 이겨낸 아내의 모습에서 무한한 감사와 하늘 같은 사랑을 느끼는 것은 어쩌면 당연한 일인지도 모른다. 그 숱한 고생의 순간들이 쌓여 이제는 자식농사 잘 지은 엄마가 되었고, 살림살이도 조금씩 예전의 모습으로 되돌아가는 것 같아서 위대한 모성의 힘을 느낀다.

이제 아내의 나이도 오십 대의 막바지에 와있어서인지 흰 머리카락이 많아져 염색을 하곤 하는데 어느 날 곁에서 "여보, 당신도 TV에 나오는 가수들처럼 알록달록한 브릿지 한 번 해보지그래요." 하고 몇 번이나 얘기해도 끝내 하지를 않는다. 하긴 대나무가 낙엽은 될망정 울긋불긋한 단풍나무가 되지는 않듯이 말이다. 조금 전 아파트 주변을 산책하면서 무릎이 아프다는 아내의 소리를 듣고서 '집에 사다 놓은 파스 붙이고 잡시다' 고 하는 말밖에는 무어라 해 줄 말이 없는 나 자신이 미련한 것인지 아니면 마땅히 할 말이 없는 것인지, 돌이켜 생각해보니 그때 무릎이 아프다는 아내를 업고서 아파트 마당이라도 한 바퀴 돌았으면 좋았을 것을 하는 때늦은 후회로 저무는 가을 밤이다.

응급실에서

한 치 앞을 모르는 세상, 건강을 잃고 병마와 싸우는 일은 참으로 두려운 일이기에 건강하게 살아가는 하루하루를 감사하게 생각하며 지내오던 어느 날, 나에게도 뜻하지 않게 질병이 찾아온 적이 있었다. 그 날은 손님과 점심 약속으로 시내에 있는 식당에서 식사를 끝내고 버스를 타고 집으로 오던 중에 갑자기 어지럽고 손발이 부들부들 떨리면서 몸이 경련을 일으키기 시작했다. 알 수 없는 두려움 속에 애써 마음을 안정시키며 겨우 집에 도착하여 침대에 누웠는데 손발 떨림은 계속 진행되었고 이대로 가만히 있어서는 안 되겠다는 생각에 하는 수 없이 급히 호출택시를 타고 둘째 아들 재석이가 근무하는 가톨릭병원 응급실로 갔다.

병원에 도착하여 접수창구에서 힘겹게 접수를 하는데 직원이 나에게 보호자는 어디에 있냐고 묻기에 흉부외과 장재석 선생이 작은아들이라고 얘기하고 간호사의 안내를 받아 겨우 구석진 침대에 누워 차례를 기다리는데, 시시각각 온갖 중환자들이 수시로 몰려드는 응급실인지라 나 같은 환자는 환자 축에도 못 끼는 처지였다. 얼마나 지났을까? 젊은 의사가 와서 혹시 뇌졸중인지 의심이 된다면서 간단한 검사를 하고는 기다리라는 말을 남기고 돌아갔다. 어지럼증세가 계속되는 가운데 또 얼마간의 지루한 시간이 흘러가고 있었다.

한참을 지난 후 아들이 다른 의사와 함께 응급실로 내려왔다. 아들을 보는 순간 왈칵 눈물이 쏟아지면서 순간적으로 불길한 생각이 머리를 스치고 지나갔다. '아직 장가도 못 보냈는데 불쌍해서 어떻게 하나, 잘못되어서 아들과 이별이라도 하게 되는 것은 아닌지 그리고 홀로 남겨진 아내는 어떻게 살아갈까' 하는 부질없는 걱정들로 머릿속은 더욱 어지러웠다. 잠시 후 정밀검사를 위해서 MRI 촬영실로 이동하느라 병원 침대에 누워서 긴 복도를 지나는데 눈앞에 스쳐 지나가는 천정에 달린 하얀 형광등 불빛들이 드라마에서 많이 본 장면 같아서 기분이 묘한 것이 왠지 지금 누워서 쳐다보는 저 불빛들이 어쩌면 내 생애 마지막으로 보는 불빛은 아닐까 하는 생각이 들어 가슴이 미어지는 것 같았다.

순간 떠오르는 얼굴들, 늘 곁에서 고생만 해온 예쁜 아내와 머나먼 이국땅에서 살아가는 큰아들 재호, 며느리 재은이, 그리고 예쁜 손녀 은세까지, 또 한순간 돌아가신 할머니의 모습도 떠올라 "할머니, 아직은 제가 할 일이 많이 남아 있습니다. 작은아들 재석이 장가도 보내야 하고 서울에서 못난 남편을 따라 대구에 와서 온갖 고생으로 자식 키우면서 곁에서 남편 뒷바라지해온 아내를 제대로 호강 한 번 못 시켜 주었는데 제발 할머니, 당신이 생전에 그토록 사랑해주신 손자 승우 좀 살려 주세요." 하며 마음속으로 애원하고 있었다.

몇 가지 검사를 마치고 난 뒤에 결과가 나왔다. 순간적으로 약한 뇌졸중이 왔다가 지나갔다는 담당 의사 선생님의 말씀을 듣고서야 안도의 한숨을 쉬었다. 그리고 몇 가지의 약 처방을 받고 소식을 듣고 달려온 아내의 손을 잡고 집으로 왔다. 침대에 자리를 펴준 아내는 놀란 심경은 내색도 하지 않고 예전의 할머니 말씀처럼 다정한 목소리로 "다 잊고 한숨 푹 주무세요." 하며 등을 떠민다.

오늘처럼 아내의 손이 그렇게 포근하고 커 보인 적이 예전에 없었던 것 같다. 그래, 마누라의 사랑스럽고 따뜻한 저 손이 내 곁에 있는 한 다시는 응급실 침대에 누워서 긴 복도를 지나면서 죽은 이의 그림자 같은 환영을 바라보는 일은 없을 것이라는 믿음을 가져보았다. 오늘은 마치 지옥과 천당을 당일치기로 여행한 아주 특별한 날이었다. 내가 졸지에 사랑하는 이들을 남겨두고 세상을 떠난다고 생각하는 그 마음이 지옥 같았고, 무사하게 집으로 돌아와 따뜻하고 편안하게 누운 이 자리가 천당이 아니겠는가!

열린 문틈 사이로 식사를 준비하는 아내의 분주한 도마 소리가 유난히 정겹고 새삼스럽게 느껴지는 저녁, 앞으로 내게 주어진 현실에 늘 감사한 마음으로 기도하고 겸손하게 살아야겠다는 다짐을 해본다.

집으로 오는 날

자기 인생의 절반은 집을 떠나서 사는 재호는 지금도 멀리 떨어진 다른 나라에서 생활하고 있다. 아들의 사정이 그러하다 보니 장남이 없는 집안의 살림살이 배치는 점점 우리 중심으로 변해갔다. 예를 들면 아내와 내가 쓰는 안방과 재석이가 쓰는 공부방, 그리고 그냥 허드레로 쓰는 중간 방, 이렇다 보니 재호의 방은 언제부터인가 없어지게 되었다. 하지만 휴가를 받아서 일 년에 한두 번씩 집에 오는 날에는 갑자기 고요했던 집안의 질서가 깨어져 모든 것이 변하면서 내외가 쓰는 안방까지도 재호에게 내어주게 된다.

우리 내외는 마루에서 이부자리를 펴고 새우잠을 자지만 아들이 집으로 돌아와 마냥 즐겁기만 하다. 그리고 잠자리뿐만 아니라 TV와 컴퓨터 DVD, 그리고 아내의 휴대전화기까지 아들의 몫으로 일시적 변경이 된다. 여기까지는 주변 환경과 사소한 신변의 변화이지만 더욱더 큰 변화는 아내가 준비하는 채식 위주의 갖가지 반찬 만들기에 있다. 아내를 닮아서 주로 채소 위주의 식성을 지닌 아들을 위하여, 아내는 아들이 집에 와있는 시간만큼이라도 제철에 나는 신토불이 음식을 만들어 먹이고 싶다고 며칠 전부터 시장을 샅샅이 찾아다니면서 준비를 한다. 물김치, 돌나물, 감자 부침개, 강원도 옥수수, 삶으면 분이 하얗게 나는 햇감자와 각종 해물 찜과 감자를 강판에 손으로 갈아서 부추와 함께 부친 부추부침개 등 정말이지 큰아들이 와야만 맛보는 아내의 특별 식단들이다.

"엄마, 이다음에 결혼하면 우리 색시도 엄마처럼 음식 솜씨가 좋으면 얼마나 좋을까요?" 하며 아내가 정성스럽게 만들어 주는 음식을 맛있게 먹으면서 아들은 아내의 음식 솜씨를 은근히 칭찬하곤 한다. 때로는 둘째 재석이랑 함께 식사하는 날은 아내가 만들어준 안주에다가 소주를 한 잔씩 하면서 재회의 기쁨을 함께하곤 한다. 그런 날은 둘째에게 마음속으로 가끔은 미안한 생각이 들기도 한다. 이유는 늘 함께 생활하는 식구들의 식단과 일 년에 두 번 혹은 세 번씩 집에 오는 재호의 식단에 차이가 나서 재석이가 서운해하지는 않을는지 괜히 혼자만의 생각이 들기도 한다.

큰아들이 휴가로 집에 와서 머무는 며칠간의 짧은 순간들이 우리 내외에겐 너무나도 든든하고 소중한 시간이기에 아내는 음식 준비에 온갖 정성을 기울이고, 나는 도착하는 날을 손꼽아 기다리며 마치 소풍 가는 날을 기다리는 어린아이 같은 심경으로 마음은 벌써 공항에서의 가슴 벅찬 해후를 생각하고 있다. 이 모든 것을 그냥 한마디로 표현한다면, 이것이 내가 세상에서 느끼는 가장 큰 기쁨이요, 살아 숨 쉬는 존재 이유다.

형편이 조금 나아지면 따로 방을 하나 만들어 문 앞에 「재호의 방」이라 표기도 해놓고 방안에는 외국에서 찍은 사진과 어릴 적 학창시절의 사진도 나란히 붙여놓고 즐겨듣던 CD와 손때 묻은 책과 옷가지들도 준비해서 언제든지 편안한 쉼터가 되도록 해주고 싶은 마음이다. 복잡하고 치열한 경쟁사회 속에서 모두가 힘들고 피곤한 일상을 살아가고 있지만, 마음 한구석에는 언제나 어머니의 품속 같은 아늑하고 포근한 쉼터가 바로 지금의 우리 집이라는 사실에 감사하는 마음이다.

겨울밤이 서서히 깊어가고 있다. 겨울이 깊어갈수록 봄은 어느새 우리네 대문밖에 와있다고 한다. 계절은 저 혼자서 왔다가 가는, 순서를 잊지 않고 묵묵히 걸어가건만 보고픈 아들을 기다리는 마음엔 이 겨울이 유난히 춥고 길게 느껴지는지 모르겠다. 내일 오전에는 뉴욕에 있는 재호에게 전화해서 새봄에는 혹시나 집에 올 기회가 있는지 물어봐야겠다.

늙음과 낡음

모든 생명은 태어나면서부터 누구나 나이가 들어가고 늙어 간다. 하다못해 작은 물건을 새로 장만하여도 시간이 지나면 때도 묻고 낡아 간다. 나도 그렇게 태어나 유년기를 지나서 청년기 장년기를 지나 노년기로 접어드니 예전에는 그냥 스쳐 지나칠 말이지만 이제 나도 늙어가는 처지이다 보니 '늙음' 과 '낡음' 의 단어 둘이 많이 닮은 것 같기도 하다.

늙음과 낡음은 같은 뜻이라고 생각이 되는 이유가 늙음이나 낡음이나 둘 다 오랜 세월을 지나 여러 가지 우여곡절과 풍파를 거치다 보니 늙거나 낡아가는 것이다. 언젠가 방송에 초대 손님으로 나온 분에게 사회자가 이렇게 말하였다. "어머나, 참 곱게 나이가 드셨는데 평소에 무슨 비결이라도 있으세요?" 라고 질문하자 초대받은 주인공은 그 질문에 그냥 엷은 미소로 인사를 대신하는 그 모습을 보고 '그래 나도 이제부터는 저렇게 곱게 늙어가는 사람이 되어야 하겠다' 고 다짐한 적이 있다.

지난해 이맘때 갑자기 찾아온 고혈압과 전립선 비대증 때문에 종합병원 문턱을 드나들면서 앞으로 내게 다가올 내 인생 나머지의 날들에 대해서 곰곰이 생각하는 시간을 갖게 되었다. 아픈 만큼 성숙해진다고 했던가, 오십을 훌쩍 넘긴 나이에 그것도 중병도 아닌 흔한 질병으로 종합병원 조금 다녔다고 새삼스럽게 철이 드는지 참모를 일이다. 아마도 그만큼 앞만 보고 살았거나 아니면 세상이 늘 오늘만 같겠거니 하면서 태만하게 살아온 탓일 것이다.

자식들은 '건강하게 오래오래 사십시오.' 라고 말을 하지만 나의 어림짐작으로는 앞으로 건강하게 사회생활을 할 수 있는 날들이 기껏 많아야 이십 년 정도가 아닐까 하는 생각이 든다. 사실 자식들 인사말은 정신과 육체가 온전한 상태를 유지하면서 살아갈 때의 얘기일 것이고, 만약에 부모가 건강하지 못하여 자식들에게 짐이 되는 부모가 된다면 '오래오래 사십시오.' 라고 마냥 간청하기는 어려워질 수밖에 없을 것이란 생각이 든다. 물론 어떤 자식들은 건강하지 못하여도 오래오래 사시라고 말은 하겠지만 긴 병에 효자가 없다고 한다. 그러나 건강이라는 것이 내 맘대로 되는 것이 아니기에 나름 노력하기로 결심하고는 내가 첫 번째로 시작한 것이 일주일에 적어도 세 번 이상 아내와 한 시간가량 동네의 초등학교 운동장을 산책하는 일이다. 그래서 아내와 나는 저녁 식사를 끝내고 나면 때로는 내가 직접 설거지를 도와

주기도 하며 뒷정리를 마친 후, 운동복차림으로 아내의 손을 잡고 저녁 운동을 시작하였다.

사실 운동을 시작하기 전에는 당연한 습관처럼 TV만 바라보면서 "저러니까 나라가 되는 일이 없다니까." 하며 경제가 어려워진 이유들이 마치 정치인들의 탓 인양 방송에 나오는 정치인들을 나무라기도 하고 때로는 불평을 하기도 하면서 저녁 시간을 보내는 그냥 소시민의 모습이었다. 하지만 저녁 운동을 하기 시작하면서 몸과 마음이 전보다 훨씬 가벼워지고 점차 긍정적으로 변해가는 자신을 느끼게 되었다.

지금의 내 나이가 마라톤 코스로 얘기해보면 반환점을 돌아서 4분의 3 정도의 위치에 와있는데 건강한 풀코스 완주를 위해서 운동을 하다가 힘에 부칠 때마다 나는 왜 한 살이라도 더 젊었을 때 미래에 대한 마음의 준비나 건강의 준비를 못 하고 늘 뒤돌아보는 못난 사람이 되었나 하는 자책을 해보기도 한다. 그리고 저녁 운동 다음으로는 생각하는 것이 '좀 더 느리게, 천천히 바라보는 습관' 을 갖기로 했다. 길을 가다가 횡단보도를 지나려고 할 때 파란색 신호등이 깜박거리고 사람들이 중간쯤 가고 있을 때면 예전에는 뛰어서 건너곤 했지만, 이제는 그냥 다음 신호를 기다리고 있다. 그러면서 내일부터는 좀 더 일찍 나와서 천천히 걸어가는 느림의 습관을 가져야겠다고 마음속으로 다짐하고 급한 약속이 아니면 어지간한 거리는 걸어서 다니는 습관을 갖기로 했다. 물론 외국처럼 우리나라의 도로 사정이 결코 쾌적하지는 않지만 복잡한 길은 복잡한 데로, 조용한 길은 조용한 데로, 각기 다른 느낌을 주는 것 같아서 좋다.

소위 젊은 사람들이 많이 가는 백화점 부근이나 쇼핑센터 부근을 가면서 새로 생긴 간판의 이름을 읽어보고 또 마냥 행복해하는 젊은이들의 모습도 보면서 신선한 생동감과 무한한 가능성을 받아들이는 기분 좋은 포만감을 느끼기도 한다. 그러다가 때론 백화점 유리창 속의 예쁜 마네킹의 목에 걸린 목도리를 보면서 아내의 가는 목에 선물하는 기분 좋은 상상도 해본다. 그리고 밤늦은 시간에는 TV보다는 서가에 꽂힌 오래된 책을 꺼내어 몇 페이지씩이라도 읽어보는 습관을 갖기로 했다. 그래야 먼지만 뒤집어쓰고 있는 서가의 책들에게 덜 미안할 테니까 말이다.

유행가 가사에 보면 '님이라는 글자에 점하나를 찍으면 남이 되고' 하는 노래를 들은 적이 있는데 늙음의 과정에서 보면 늙음과 낡음은 받침 하나의 차이가 아닐까? 인생은 육십부터라고 하지만 하루하루 늘어만 가는 주름살을 보면 결코 주름살 없애는 약이나 주사도 오는 세월 앞에는 어쩔 수가 없을 것일 진데 나 자신은 늙음의 이편에서 혼자서 오늘의 현실에 만족하고 있지는 않은지?

우리가 길이나 화단에서 흔하게 보는 클로버가 있다. 사람들은 네 잎 클로버를 찾으면 행운이 온다고 많은 세 잎 클로버 속에서 네 잎 클로버를 찾는다. 하지만 오지 않은 행운을 찾는다고 애쓰지 말고 우리 곁에 함께 하는 작은 일상의 소소한 것들에 대해서 애정과 사랑을 베푸는 것이야말로 저편에 있는 늙음의 세계로 천천히 가는 길이라고 생각이 드는 일요일 밤이다.

오늘은 첫서리가 온다는 상강(霜降)이다. 대구는 봄, 가을이 없다고 한다. 그만큼 많이 덥고 많이 추운 도시이다. 어쩌면 봄과 가을이 여름과 겨울의 틈새에 끼어서 존재를 못 느끼게 되는 것 같다. 하지만 우리 주위를 찬찬히 들여다보면 가을은 늘 우리 곁에 그냥 그대로 있는 것 같다. 그렇게 느끼는 것은 지금 듣고 있는 사라 브이트만의 'Time To Say Goodbye'가 지난여름의 무더운 밤보다는 약간은 무릎이 시린 이 밤에 듣기가 훨씬 정겹게 느껴지니까 말이다.

TV, 잠시 꺼두셔도 좋습니다

주말 저녁시간 「인생이여 고마워요」라는 주말연속극의 마지막 회를 보면서 아내와 나는 흐르는 눈물을 감추지 못하고 있었다. 내용은 두 아이의 엄마로 광고회사 홍보과장인 워킹맘 한연경은 우연히 병원 레지던트로 근무하는 첫사랑 이인석을 만나게 되고, 그를 통해 자신이 폐암에 걸린 사실을 전해 듣는다. 이후 이인석은 한연경을 살리기 위해 눈물겨운 사랑을 펼치게 되지만 남편은 우연하게 두 사람의 관계를 알게 된 후 배신감을 느낀다. 하지만 이들은 서로의 갈등을 이겨내고 희망을 찾아가는 가족애를 그린 드라마다. 언뜻 생각하면 흔히 보게 되는 보통의 TV 연속극일 수도 있을 테지만 근래에 본 드라마 중에서는 모처럼 가슴이 찡하고 왠지 아름다운 사랑의 서사시를 보는 것 같았다.

하지만 TV가 언제나 진한 감동을 전달하고 온갖 세파에 찌든 마음을 정화시켜주는 역할만 하는 것은 아닌 것 같다. 우리 생활 속에서 TV는 잠자는 시간 외에 거의 대부분의 시간 켜져 있으면서 그냥 한 식구같이 혹은 집에서 기르는 애완동물같이 생활의 한 부분을 차지하고 있는 것이다. 그러나 TV가 우리 사회의 밝은 면을 비추어주는가 하면 사기와 음모, 그리고 낯 뜨거운 소위 막장 드라마를 여기저기에서 경쟁하듯 쏟아내어서 가정에 해악을 끼치는 위험스런 경우도 있다. 그러한 장면들을 볼 때마다 씁쓸한 느낌을 지울 수 없어 생각 같아서는 저놈의 바보상자를 없애고 살았으면 하는 생각이 들기도 하지만 아내의 허락 없이 그러한 사고를 칠 만큼 나 자신이 간 큰 위인은 못 되는 것 같다.

프로야구가 처음 생겼을 때 어떤 분이 이런 말씀을 하신 것이 생각난다. "저놈의 프로 야구를 왜 만드는 줄 모르지? 그건 온 국민의 눈과 귀를 정치에서 TV 속의 저 조그마한 공으로 옮겨놓기 위해서 저런 짓을 하는 거야. 자네들이 그걸 알고 있어야 한다는 말일세." 그때는 그분의 말씀이 전하는 깊은 뜻을 알 것도 같고 글쎄요? 하는 의구심도 들곤 하였다. 물론 지금에 와서 예전의 정치 비화 속에서 그러한 일들이 일정 부분 사실로 밝혀지긴 하였다. 그러나 조그마한 공 하나가 온 국민의 가슴을 뭉클하게 만드는 대단한 위력을 불러오기도 하지 않았던가. 올림픽과 월드컵 경기를 통해 전 국민이 하나 되어 목이 터져라 대-한민국을 외치게 하던 그때만큼은 우리 모두를 애국자로 만든 좋은 역할을 한 것도 TV의 힘이라고 생각이 된다. 하지만 TV가 갖고 있는 좋은 면이 물론 많지만 어떤 사람들은 식사하는 것도 잊고서 TV 속으로 빠져들게 하는 나쁜 습관도 있다. 그래서 나는 가능하면 TV를 적게 보려고 애를 쓰고 있다.

하루는 모두에게 똑같이 주어진 24시간으로 그 속에서 적당히 수면도 취하고 일하고 먹고 사랑하고 쉬고 또 각자의 취미생활도 하지만 TV를 켜는 순간 우리의 모든 생각은 모두 TV 리모컨을 따라서 움직인다. 그래서 나는 나름대로 생각한 것이, 어느 아이스크림의 광고처럼 TV프로도 골라 먹는 재미가 아닌 골라 보는 습관을 갖기로 하였다.

그 첫째가 일요일 낮12시에 국민 MC 송해 할아버지가 진행하는 「전국노래자랑」을 보면서 우리의 이웃인 보통의 사람들이 무대 위에서 한바탕 신명 나게 저마다 갈고닦은 솜씨를 뽐내는 모습을 보는 것이다.

둘째로는 일요일 저녁 여섯시의 「열린음악회」이다. 어쩌다가 엄숙하고 잘생긴 성악가가 출연하여 나와 재석이가 좋아하는 「마법의 성」이나 「Perhaps Love」를, 때로는 주현미 씨가 (나는 주현미가 아니고 주현미 씨라고 늘 생각한다. 그 이유는 아마도 내가 많이 좋아해서 인 것 같다.) 나와서 중국 가수 「등려군」의 「월량대표아적심」이라도 부르는 날이면 낚시꾼이 오랜만에 월척을 낚은 기분 이상으로 가슴 벅찬 포만감을 느끼게 되는 것 같다.

그리고 연속극 한 가지는 꼭 아내가 정하는 것으로 본다. 이상하게도 아내는 TV를 많이 보지는 않지만 여기저기 돌려보다가 드라마의 내용이 순수하고 담백하며 적당히 눈물짓고 밝은 웃음을 주는 소위 막장 드라마가 아닌 내용으로 잘 버무려진 가슴 찡한 드라마를 용케도 찾아내서는 "여보, 이 프로가 재미있을 것 같아요. 우리 같이 봐요"라고 얘기하면 나는 "그래요, 같이 봅시다." 하면서 아내 곁에 앉는다.

나는 나이가 들면서부터는 아내와의 대화에서 가능하면 순한 양이 되기로 결심을 하고 있다. 그것은 요즈음 흔히 말하는 여권신장도 아니고 가정의 평화를 위함도 아니다. 또 요즈음 우스갯소리로 흔히들 말하듯이 이사 갈 때 강아지는 태우고 가고 잔소리꾼 남편은 떼어놓고 간다는 말처럼 나이든 고아가 될까봐 겁이 나는 것은 더더욱 아니다. 단지 그냥 많이 남지 않은 시간만큼은 "네, 여보. 그건 당신 말이 맞네요." 하면서 맞장구를 치고 살았으면 하는 생각에서이다.

어느 CF에서 전라남도 담양의 대나무 숲을 배경으로 「휴대전화기는 잠시 꺼두셔도 좋습니다」 하는 화면을 본 생각이 문득 나는 밤이다. 그래, 우리 모두 TV 속에서 정말 가슴이 훈훈하고 때로는 흐르는 눈물로 험한 세상에 찌든 마음을 정화시키는 아름다운 프로를 보는 동안에는 잠시 켜두고, 나머지 시간에는 가급적 오래 꺼두고서 아내의 작고 예쁜 얼굴을 맞선볼 때처럼 찬찬히 보면서 떨리던 그 시절의 가벼운 설렘으로 돌아가서 차라도 한잔하거나 아니면 함께 책을 보는 고즈넉한 시간을 만들어야겠다. 그리고 우리 모두 TV 보는 시간만큼 아내 얼굴 많이 보기 캠페인을 벌였으면 하는 겁 없는 생각을 해본다.

이런 못난 놈!(어디선가 들려오는 어른들의 호통 소리)

고장 난 시계

재호가 근무지를 옮기거나 혹은 휴가 때마다 한 번씩 집에 들러 짐 정리를 할 적마다 집에 두고 가는 사소한 물건들은 한곳에 모아서 보관을 하여둔다. 그럴 때 아내는 버리는 물건을 괜스레 보관한다고 눈총을 주지만 가끔씩 손때 묻은 아들의 사소한 물건들을 보고 있으면 그 체취가 느껴지는 것 같아서 참 좋다.

한번은 손목시계 하나를 발견하였다. 반가운 맘으로 그것을 가지고 시계점을 찾아 수리를 맡긴 후 낡은 줄을 깨끗하게 닦아 손목에 차 보았더니 가장자리에 약간, 흠집은 있지만, 이역만리 떨어진 아들의 체취를 느끼는 것 같아서 마냥 좋았다. 그러다 보니 아내가 결혼 25주년 기념으로 사준 비싼 시계보다 더 자주 애용하고 있다.

얼마 전 우연히 시계점에서 태엽을 감아서 움직이는 추가 달린 옛날 괘종시계를 보고 값을 물었더니 주인은 아주 오래된 것인데 오십만 원은 넘는다고 하면서 아마도 나중에는 귀한 물건이 될 것이라 한다. 그 얘기를 듣고는 내 손목에 채워진 아들의 낡은 시계를 한참 동안 바라보며 괜한 헛웃음을 웃고 있었다.

내가 어린 시절을 보내던 1950년대에는 전쟁이 끝나고 얼마 되지 않았던 시절이라 모든 물자가 부족하여 대부분의 사람은 궁핍한 생활을 할 수밖에 없었다. 그러다 보니 먹을 것이 부족하여 수제비나 국수를 끼니로 해결하거나 혹은 굶는 경우도 허다했다. 그렇게 먹고사는 것이 더 어려운 때이다 보니 손목시계를 하나 갖는다는 것은 결혼식 때나 가능했던 것 같다. 그것도 형편이 나은 사람들이나 할 수 있었다. 또한, 그 무렵에 사람들은 쉽게 옷을 장만하기도 어려워 헌 양복을 수선하여 입거나 낡은 군용잠바를 검게 염색해서 입기도 하였는데 그 시절 미제 군용잠바는 정말로 요즘의 유명 메이커 옷 못지않은 인기를 누리던 때였다. 하지만 사람들은 그런 가난에 대하여서는 크게 불평 없이 잘 견디고 살았던 것 같다. 그러나 요즘의 세대는 시계도 너무 흔하고 그나마 있는 시계도 잘 차지 않을뿐더러 옷도 떨어져 못 입는다기보다는 유행이 지나거나 아니면 싫증이 나서 입지 않는 경우가 다반사이다.

모든 것이 풍요롭고 넘쳐나 날마다 새로운 상품이 쏟아져 나오고 갖가지 광고를 통해 소비를 부채질하다 보니 넘쳐 나는 것이 옷이다. 그리고 옷뿐만이 아니라 충분히 쓸 수 있는 물건들도 내다 버리기 일쑤다. 이렇게 모든 쓰레기가 넘쳐나자 정부에서는 하나의 대책으로 분리수거 계몽을 하고 동네마다 분리수거용 재활용 상자가 생기고 헌 옷을 버리는 파란색 큼직한 철제 함도 생겨나 군데군데 비치되어있다. 그러다 보니 사람들은 너무나 쉽게 새로 나온 메이커 옷을 입고 어제까지 입던 낡은 옷은 편리하게 파란 철제 함에 쓱 밀어 넣기만 하면 된다. 이 모든 것들을 보면 아주 편리하고 잘사는 세상에 사는 것 같은 우리는 OECD 국가의 일원도 되고 무슨 문제만 생기면 미국, 일본, 독일과 도표상에서 나란히 비교되는 아주 많이 잘사는 선진국의 반열에 와있는 듯하지만, 과연 그런 것인지 나는 반문해보지 않을 수 없다.

늦었다고 생각할 때가 가장 빠른 것이라고 지금부터라도 마구 버리지 말고 오래 손때가 묻은 것들을 소중하게 간직해서 나중에 우리 후손들에게 물려주면 훗날 조상님들의 생활과 풍습을 통해 얻는 것이 많을 것이다. 그래서 나는 1996년도 재호가 입학한 서울대학교 합격증을 소중하게 보관하고 있다. 그 이유는 먼 훗날 어느 대통령이 과외 열풍과 강남 8학군을 해소하기 위해서 나라 전체의 대학명을 서울대학교로 바꾼다면 빛바랜 서울대학교 합격증도 그때는 귀한 기념품이 될 것 같은 생각에서 말이다.

올해도 어김없이 설악산 단풍이 언제쯤 절정이 될 것이라고 매년 똑같은 소식을 접하고 있지만 내 마음의 보석상자에 들어있는 헌 손목시계같이 가슴시린 추억들이 설악산 단풍만큼이나 붉게 물들어 가는 가을밤이다.

한국은 밤 11시이니까 뉴욕은 지금 아침 9시가 되겠지, 열심히 살아가는 지구 저편의 아들을 생각하며 오늘 밤은 아들의 시계를 풀지 말고 자야겠다.

제3부

그럼에도 불구하고

아내의 병실

요즘 들어 아내는 소화도 안 되고 배가 자주 아프다면서 내게 하소연하였다. 그러면서도 병원에는 가지 않고 소화제를 먹거나 예전의 할머니께서 하시던 민간요법대로 바늘로 손가락 끝을 찔러서 피도 내고 하면서 애쓰는 모습이 안타깝기만 했다. 그때 마침 나는 카톨릭대학병원에 볼 일이 생겨 총무과장님을 만나 이런 저런 얘기를 나누다가 아내의 상태를 얘기했더니 언제 한번 병원에 오셔서 검사를 해보라고 권했다. 그날 저녁 아내에게 낮에 병원에 갔던 일을 설명하고는 시간이 나는 대로 빨리 병원에 들러 검사를 해보자고 하였다.

토요일 아침, 아내는 혼자서 검사를 받아보겠다고 병원으로 가더니 얼마 지나지 않아 전화가 와서는 힘없는 목소리로 내게 말했다. "여보, 나 맹장이래. 그래서 지금 수술준비를 하나 봐." 하는 것이 아닌가. 순간, 나는 아내의 맹장이라는 말보다는 수술이라는 단어가 먼저 가슴에 와 닿으면서 무어라 얘기를 해야 할지 눈앞이 아찔했다. 하지만 애써 감추고 담담하게 말했다.

"그래, 알았어요. 너무 걱정하지 말아요. 지금 병원으로 갈 테니 조금만 기다려요" 하고는 다급하게 차를 몰아 병원으로 갔다. 아내는 수술 중이었고 재석이가 기다리고 있었다. 다행스럽게도 재석이가 근무하는 병원이라서 아빠 대신 수술에 필요한 수속을 다 마치고 수술실 앞에서 기다리고 있다가 걱정하는 나에게 "아빠, 맹장 수술은 가벼운 수술이니까 너무 걱정 하지 마. 다만 엄마 몸이 약해서 마취 선생님께 특별히 부탁드렸어." 하면서 차분하게 얘기를 해주었다. 나는 재석이와 함께 수술실 앞에서 약 30~40분을 기다렸다. 마침내 수술을 마친 담당 의사 선생님이 수술실을 나오면서 말했다. "재석아, 어머님수술은 잘되었고 지금 회복실에 계신다."라는 그 말에 일순간 안도의 숨을 내쉬었다. 그리고 얼마가 지나자 아내는 창백한 모습으로 수술실 바깥으로 나왔다. 그리고 하얀 시트 위에 누워있는 핏기 하나 없는 자그마한 얼굴을 보며 안타까운 마음에 두 손을 꼭 잡아보니 얼음처럼 차가워 정말이지 큰 병에 걸린 것 같은 묘한 기분이 들었다. 그러나 무사히 수술을 마치고 나온 아내를 보면서 속으로 부처님과 돌아가신 할아버지와 할머니에게 감사의 기도를 드렸다.

아내를 병실로 옮기고 뒷정리를 마친 후 잠시 밖으로 나와 핸드폰을 꺼내 때마침 UAE에서 귀국하여 서울에 있는 큰아들에게 전화를 하였다. 네가 걱정할까 봐 수술 후에 전화를 했다고 말을 했지만 재호는 왜, 진작 수술 전에 전화를 하지 않았냐고 몹시 걱정을 하면서 빨리 오겠다고 했다.

전화를 끊고 의자에 앉아 가만히 생각해보니 오늘 오전의 몇 시간 동안에 일어난 일들이 다른 사람들에게는 그저 작은 맹장 수술이라고 생각하겠지만 나는 아내의 모습을 보면서 남다른 회상에 젖었다.

세상에서 가장 강한 것이 어머니의 힘이라고 말하지만 정말이지 저 자그마한 체구 어디에서 저런 강인한 힘이 솟아나기에 힘든 세파와 부딪치면서 지금껏 묵묵히 우리 가족을 위해서 자신을 희생하면서 살아왔는지 고마운 마음에 눈시울이 붉어져 잠든 아내의 얼굴에 가만히 입맞춤을 하였다.

"그래 여보, 지금껏 너무 앞만 보고서 열심히 달려온 당신에게 잠시 쉬어가라고 부처님께서 작은 시험에 들게 하신 것 같아. 그러니 지금은 오로지 당신을 위해 비록 며칠 동안이지만 지친 몸과 마음을 다 내려놓고 잠시 쉬어가는 시간으로 생각했으면 하는 것이 부족한 당신 남편의 바람입니다."라고 빌었다.

그리고 정말 작은 시험에 들게 해주신 부처님께 감사드렸다. 앞으로 더욱더 아내를 많이 사랑하며 시키는 말 잘 듣는 착한 남편이 될 것을 약속드리는 마음과 함께…….

햇살 가득한 병실 창밖의 푸른 하늘이 오늘따라 더욱 높고 푸르다. 둥실 떠가는 구름 속에 아내의 예쁜 미소가 보인다. 선하게 웃는 아내, 그 예쁜 아내를 위해서 오늘부터 정말 아내를 많이 사랑하는 순하고 말 잘 듣는 남편이 되어야겠다. 누군가는 아내에게 늘 '옳소' '맞소' '졌소'의 3소를 외치면 만사형통이라 했다. 그 누군가가 정말 현명한 사람인 것 같다.

피아노 치는 의사선생님

얼마 전 「파리의 연인」이라는 드라마에서 세간의 화제를 몰고 온 것은 남자 주인공이 카페에서 여주인공에게 사랑을 고백하는 장면 때문이었다. 직접 피아노를 치면서 유리상자의 「사랑해도 될까요」라는 노래를 불렀는데, 내게도 그 장면이 깊은 여운을 남겼던 것 같다. 그 순간 어릴 때부터 피아노를 가까이해온 재석이 생각이 났다.

재석이의 피아노 솜씨는 제법 수준급이라고 생각한다. 요즘은 많은 이들이 취미로 피아노를 치는데 새삼스럽게 자식 자랑이라고 생각될지도 모를 일이지만 내 생각으로는 분명 일반적인 솜씨보다는 한 수 위인 것 같다. 초등학교 저학년 때 바이엘 상권을 시작하던 꼬마 녀석은 마누라의 극성 덕분인지도 모르지만, 제법 수준급으로 의과대학 6년 동안 동아리 모임인 「이드(Id)」에서 피아노 연주를 맡으면서 활동을 하다 지금은 선배들의 결혼식과 각종 행사에 자주 불려 다닌다. 나는 그런 아들에게 바라는 것이 하나 있다.

장래에 환자들을 진찰하고 상담하는 흉부외과 전문의가 되었을 때, 병원 진료실 한쪽에 피아노를 마련해 놓고서 점심시간이나 진료 시작 전에 감미로운 연주를 통해서 아픈 환자들의 몸과 마음을 조금이나마 위로하는 '피아노 치는 의사 선생님'이 되기를 바라는 것이다. 그러한 꿈이 현실로 이루어지는 날 환자들에게 또 병원을 방문하는 모든 사람에게 쾌유를 바라는 희망과 긍정의 에너지가 전해질 것이라고 굳게 믿고 싶다.

업무상의 일 관계로 전국의 대형병원을 많이 방문하게 되다 보니 병원마다 환자와 내원객들을 위해서 사소한 것에까지 많은 신경을 쓰는 것을 보았다. 그중에서 광주의 어느 치과대학부속병원 로비에는 잘 꾸며진 실내 정원 속에 대형 디지털 피아노가 연주자 없이 하루 종일 귀에 익은 클래식 소품들을 연주하는 모습을 감명 깊게 보았고, 또 대전의 모 국립병원 로비 한가운데에는 누구든지 연주할 수 있도록 대형피아노를 비치해 놓은 것도 보았다. 그때마다 이왕이면 병원을 찾아오는 환자들을 위해서 아니 고객을 위해 서비스하는 마음으로 의사 선생님들이 교대로 점심시간이나 진료 시작 전에 짧은 시간이라도 감미로운 피아노 연주를 직접 해주었으면 좋겠다고 생각했다. 그래서 병원을 찾아오는 환자들은 의사 선생님의 진찰과 각종 치료도 중요하지만 딱딱한 의학용어로 설명하는 엄숙한 분위기보다는 아프고 지친 마음을 어루만져주고 무언의 위로와 용기를 불어넣어 주는 한 곡의 피아노 연주가 더 병을 빨리 낫게 할 수도 있을 것이라고 생각되어진다. 그러한 의사 선생님들 속에 둘째 재석이도 「피아노 치는 의사 선생님」이 되어서 내가 좋아하는 「마법의 성」을 연주하면서 노래하는 모습을 바라볼 수 있는 날이 오기를, 그리고 그 바람이 그냥 꿈으로 끝나지 않기를 비는 마음이다

꽉 막힌 길 위에서

자동차는 세상에 태어난 지 200년의 역사 속에서 다양하게 변화해온 것 같다. 기술적 변화도 있지만 생활 수준이 높아짐에 따라서 그 수도 엄청 많아져서 집집마다 차가 없는 집이 거의 없다. 차는 점점 많아지고 주차공간은 턱없이 부족하다 보니 밤만 되면 동네마다 주차전쟁이다. 그뿐만 아니라 차로 인한 직업도 많이 늘어났다. 동네마다 카센터도 많이 생기고 중고자동차 매매상도 많이 나오고 중고차를 해외로 수출도 한다. 또 방송도 교통방송국이 생겨 실시간으로 도로 상황을 점검하여 알려주기도 한다. 게다가 요즘은 차 안에 앉아서 위성의 도움으로 모르는 길, 막히는 길을 피해서 지름길까지도 친절하게 가르쳐주는 기계들까지 나와서 약간의 돈만 투자하면 너무나 편리하게 차를 운행할 수 있는 세상에 살게 된 것이다. 그러나 나는 친절한 문명의 이기보다는 차라리 막히면 막히는 대로 현실에 적응하면서 참고 사는 것도 괜찮다고 생각한다.

몇 해 전, 네 식구가 고향에 성묘를 다녀오는 길이었다. 국도 위에서 차량 정체가 시작되어 아마도 가다 서기를 한 시간 이상을 반복하면서 겨우 집에 도착하였다. 하지만 꽉 막힌 길 위에서 나는 옆자리의 아내와 뒷자리의 두 아들과 함께 많은 대화를 나누게 되는 뜻밖의 좋은 기회를 얻게 된 것이었다. 아이들도 좁은 차 안이었지만 모처럼 갖는 오붓한 시간에 행복해하면서 진한 가족애를 느끼며 예전의 추억거리와 지금의 생활과 가까운 장래의 계획과 희망까지 얘기하는 뜻깊은 시간을 가졌다. 이러한 기회는 억지로 만들고 싶다 해서 만들어지는 것이 아니다. 단지 명절이나 휴가철 또는 주말의 귀갓길 꽉 막힌 도로 위에서 조금만 마음의 여유를 가질 수 있다면 짜증 나는 시간을 비록 좁은 공간이지만 전혀 타인의 눈치를 보지 않고 진한 가족애를 느낄 수 있는 기분 좋은 자리로 바꿀 수 있을 것이다.

언제부터인가 우리는 가족이라는 이름만 있고 실제로 가족 간의 대화와 함께하는 시간들은 손가락을 꼽을 정도인 것 같다. 설사 가족들이 함께 모여 있다 해도 TV와 컴퓨터 그리고 핸드폰에 심취하여 서로 간의 대화가 점점 줄어들고 있다. 그런 온갖 문명의 편리함 때문에 정말로 우리가 가까이하고 늘 잊지 말아야 할 가족 그리고 가정에 대한 부분은 너무나 쉽게 잊고 사는 것 같다. 그래서 나는 가끔씩 꽉 막힌 길, 그리고 네 식구가 함께 차 안에 있는 순간이 기다려지기도 하는 것이다.

시월의 마지막 밤

낙엽이 떨어지는 가을이 되면 TV나 라디오를 통해 흔하게 들려오는 노래가 있다. 그것은 다름 아닌 가수 이용이 부른 노래 「잊혀진 계절」이다.

노랫말이 가슴에 찡하게 와 닿는 것이 그냥 듣기 좋은 노래라기보다는 전체적으로 풍겨오는 분위기가 괜찮아서인지 모르지만, 왠지 그 곡을 들을 때는 마음이 먹먹해지기도 하고 때로는 슬퍼져 오기까지 한다.

일 년은 열두 달로 만들어져있지만 그중에서도 유독 10월의 마지막 밤이 우리 가슴에 알싸한 여운을 남기는 것은 무엇 때문일까? 생각해 보면 철없던 어린 시절을 지나온 많은 사람이 점차 나이가 들어서 당시의 추억을 회상해보면 여러 가지의 일들로 만감이 교차해서일 것이다. 듬성듬성 솟아나는 흰머리처럼 문득문득 기억되는 지나간 날들에 대한 작은 후회와 미처 이루지 못한 일들로 말이다. 그리고 시월은 한 해의 열 번째이자 끝으로는 두 달을 남겨두고 있어 어떻게 보면 우리네 인생살이의 황혼에 해당하는 때가 아닌가 생각된다. 사실, 황혼이라는 말이 조금은 이른 감이 들지만…….

무더위에 지친 밤, 열대야로 잠을 설칠 때, 이렇게 뜨겁고 무더운 날들이 이제 나에게 얼마나 많이 남아있겠는가 생각해보면 많게는 서른 번, 작게는 스무 번이 아닐까 생각되니 갑작스레 등에서 한기가 느껴진다. 그것은 꼭 오랫동안 살아서 여름을 몇십 번 더 맞이하고픈 부질없는 욕심 때문만은 아니다. 다만 지나간 시간 속에 그냥 아무런 생각 없이 흘려보낸 많은 여름날에 대한 미안한 마음 때문이요, 어쩌면 시한부 인생처럼 이번 여름이 지나면 또 이제 몇 번의 여름이 남아 있을까 하는 때 이른 조바심으로 인해 세월이 주는 시간의 여유와 남은 시간의 부족함에 대해서 그다지 깊이 생각하지 않고 살아온 탓인 것 같기도 하다.

계절은 자꾸만 바뀌어가고 세월은 점점 속도를 더하여 50대는 50km의 속도로 간다고 하는데 그냥 푸념만 하면서 보낸 지난 세월은 시위를 떠난 화살과 같다. 하지만 이왕에 우리네 삶 저편으로 떠나버린 제야의 종소리들은 아름다운 추억으로 남기고 다시 다가오는 미래의 소중한 계절이 주는 의미들을 설레는 마음으로 기다렸으면 한다.

예전에 파계사 성전암에 계시던 '철웅' 스님께서 하신 법문 중에 "우리가 생활 속에서 함께 하는 가족, 친구, 사회, 그리고 심지어 생활하는 집에 대해서도 늘 고마운 마음을 가져야 한다."고 말씀하신 기억이 난다. 젊었던 지난 시간들 속에서 앞만 바라보고 정신없이 살아왔다면 인생의 시월인 흰머리가 듬성듬성한 이제부터는 내 주위의 고마웠던 분들과 오랫동안 만나지 못했던 옛 직장의 상사와 동료들, 그리고 핸드폰 속에 저장되어 있지만, 올해가 다 가도록 한 번도 통화하지 못한 그리운 얼굴들에게 시월의 인사라도 해야 할 것 같은 마음이다.

새해맞이 일출, 노란 제주도 유채꽃, 활짝 핀 길가의 개나리, 해운대 해수욕장의 수많은 피서객들, 잠 못 드는 무더운 열대야의 밤, 설악산의 화려한 단풍, 손자들의 신나는 가을 운동회, 아내와 같이 담그는 김장김치, 하얀 눈이 내리는 크리스마스이브의 기분 좋은 밤, 이런 작은 일상의 일들이 마치 곳간에 가득 찬 곡식인양 생각하고 이 모든 것들이 언제까지나 늘 내 곁에 함께할 수 있다고 생각할 수 있을지는 모르지만 현실은 점차 비어져 가는 곳간의 모습인 것 같다. 그래서 남은 시간들 속에서 다가올 소소한 작은 일상들에 대해서 항상 감사한 마음으로 온전하게 깨어있는 맑은 정신으로 새해를 맞이해야겠다.

분명 시월은 내년에도 그다음에도 변함없이 우리 곁에 찾아

올 것이다. 그러나 그 시월의 마지막 밤이 지나면 일 년 중에서 아쉽게도 두 달 만 남게 된다. 남은 두 달, 날짜로 61일이 남지만 차분한 마음으로 온전한 정신으로 알차게 준비해서 그리고 후회 없이 열심히 살아서 새로운 해에 우리 곁에 찾아올 또 다른 시월의 마지막 밤이 '뜻 모를 이야기만 남긴 체 우리는 헤어졌지요.' 가 아니고 뜻깊고 영원히 기억에 남는 따뜻한 이야기만 남기어 가슴 설레는 시월의 마지막 밤이 되었으면 하는 바람 속에 이천오년 시월의 마지막 밤을 소리 없이 보낸다.

하얀 편지

우리 집 장남인 재호가 삼성물산 모스크바 현장에 근무하고 있을 때와 UAE의 두바이에 근무할 그 무렵에 나는 멀리 떨어져 있는 아들에 대한 그리움을 편지로 쓸 때가 있었다. 그런 날을 「편지 쓰는 날」로 정하고 조용한 방에서 전기스탠드의 조명을 조절하여 나름 분위기를 잡고 앉아 문구점에서 특별히 사다 놓은 편지지와 펜을 준비한 후, 내가 좋아하는 「Sarah Brightman」의 CD를 틀어놓고 우선 마음을 정리한 다음 저 멀리 비행기로 열두 시간 너머에 있는 아들과 마음속으로 마주 앉는다.

한 번 펜을 잡고 편지를 쓰면 많게는 여섯 장 정도의 사연을 적어 내려가는데 이때 멀리서 바라보던 아내는 "사랑하는 연인도 아니고 무슨 사연이 그렇게 많아요? 당신은 참 별난 아빠인 것 같아요"라고 눈총을 주지만 밤을 새워서라도 계속 써내려가고 싶은 아빠의 절절한 심경을 알기나 할까? 그렇다, 때로는 너무 보고 싶은 마음에 눈물을 글썽이면서 북받치는 감정을 추스르지 못

할 때도 있다. 그럴 때면 마루에서 TV를 보던 아내까지도 괜히 숙연해져서 집안의 분위기는 적막감이 감돌기도 한다. 하지만 편지를 쓰는 그 순간만큼은 아들과 단둘이서 진한 마음속 대화를 나누는 것이 나는 좋다.

재호는 학교나 직장관계로 인하여 서울로 외국으로 다니면서 생활하다 보니 가족들과 떨어져 있는 날들이 많았고, 서로 마주 앉아 대화를 나눌 시간이 항상 부족했다. 그래서 부자간에 편지로나마 일상에 일어나는 일들을 하나하나 전하고 싶은 그 심경으로 기나긴 사연을 보내게 된 것이다. 「눈에서 멀어지면 마음에서 멀어진다」고 오래도록 떨어져 생활하는 자식이 행여 내게서 멀어지는 것은 아닐까? 하는 마음을 애써 누르고 그 말을 흘려버리려고 하지만 왠지 그것이 언젠가는 현실로 다가서리라는 불안감에 가슴앓이하곤 했다.

지금은 세월이 좋아서 사람들은 「E-mail」을 많이 사용하고 있지만 나는 컴맹이기도 하지만 예전의 습관대로 편지지와 봉투, 펜을 준비해서 정성껏 손으로 한 자 한 자 적어나가는 수고로움이 담긴 손편지에 더 끌림은 어쩔 수 없다. 잘 쓴 글씨는 아니지만 하얀 백지 위에 마음을 담아 누군가를 향한 그리움의 실타래를 풀어나가는 그 순간들이 나는 참 좋다. 그렇게 밤을 지새워 적은 편지를 곱게 접어들고 우체국을 찾아가 「To. Jae Ho Chang」 하면서 겉봉을 적어서 접수를 마친 후에 우체국 직원에게 언제쯤 도착하느냐고 묻는 그 순간부터 달력에서 눈길을 떼지 못하는 성급함도 내가 갖는 재호에 대한 사랑이라고 변명 아닌 변명을 한다. 그리고 이 편지가 수많은 사람들 손길을 거쳐 나의 짝사랑(?) 재호에게 잘 전달되어 행여나 답장이라도 오려나 하고 기다리는 설렘으로 하루하루를 보낸다.

멀리 있는 사랑하는 아들에게 늘 건강하고 또 무탈하기를 비는 마음으로, 때로는 눈물이 앞을 가려서 잠시 감정을 추스르기도 하지만, 그렇게 한 자 한 자 적는 그 시간속의 가슴 벅찬 그리움의 메아리가 멀리 타국에서 생활하는 아들에게 전해져서 낯선 이국땅에서의 외로움을 조금이나마 덜어줄 수 있기를 바라는 마음이다.

「자동차가 빨간색만 보면 주유소 생각이 난다」는 정유회사의 광고처럼 우리도 예전에 빨간 우체통과 빨간 자전거의 우체부 아저씨가 많이 기다려지던 아련한 추억 속에서 살아왔건만, 차츰 잊혀가는 세태가 매우 안타깝고 그 시절이 그리운 심정을 숨길 수 없다. 편지 쓰기 좋은 겨울밤이다. 아내가 잠자리에 드는 시간, 하얀 종이 위에 긴 사연을 써내려가면서 일상의 소소한 안부를 아들에게 전하고 싶은 겨울밤이 깊어 간다.

많이도 보고 싶은 재호에게

오랜만에 지면 위에서 마주하는구나. 아빠는 디지털시대가 못되고 역시 아날로그 세대인 것 같구나. 지금이 훨씬 마음이 편한 것을 느끼는 것 같아서 하는 말이다. 소중한 사람에게 편지하느라고 전통한지를 사서 처음으로 짝사랑하는 재호에게 먼저 써보는구나. 손에 익숙하지를 않아서 잘 쓰지 못하는 글씨가 오늘따라 좀 두서가 없구나. 하지만 네가 사준 스테들러 펜(Staedtler Pen)으로 노력하고 있단다.

어제는 일요일이지만 아빠가 그림 가게에서 하루 종일 근무를 했단다. 네가 사준 Bean-Pole 잠바와 버버리 머플러를 두르고 손님하고 대화도 하고 가끔씩 아빠의 모습을 부럽게 바라보는(?) 시선도 느끼면서 아들의 숨결을 느끼는 것 같아서 많이 고마웠단다. 조금은 아부성 발언 같다마는 별난 아빠의 특별한 욕심이라고 생각하려무나, 하지만 아빠는 그러한 현실이 바로 행복이라고, 파랑새가 바로 곁에 있다고 생각하며 산단다.

새해가 시작되고 오늘이 닷새째 밤이구나. 흔히들 연초에는 많은 것을 계획하고 한다마는 그것이 사실은 하루하루의 연속이며 순간이 쌓여서 한 달이 되고 그 한 달이 열두 번이 모여서 한해가 되고 1년, 2년……, 세월의 겹을 더해가는 지극히 단순한 순간의 연속이요, 무수한 순간의 쌓임이거늘 그 어떤 큰 계획도 사실은 지금 이순간의 실천만이 그것을 가능케 한다는 간단한 순리에 순응하는 재호가 되기를 바란단다.

올해는 현실 속의 편안함과 많은 혜택을 뿌리치고 자신의 의지대로 새로운 미래를 향한 변화의 첫해가 될 것 같구나. 많이 준비하고 노력한 만큼 누구보다도 너 자신을 믿고 아빠가 즐겨 얘기하듯이「그럼에도 불구하고」라는 구절을 가슴에 새겨서 언제 어떠한 어려움에 부딪치더라도 네 스스로 자신을 믿고 자신의 내면 깊은 곳에서의 소리에 귀 기울여서 차근차근 행동하면 네가 원하는 모든 것에 도달하리라고 아빠는 굳게굳게 믿는단다. 그러한 너 자신과 우리 모두가 함께 마음 깊이 성원하고 기도하며 진심으로 노력하는 한해가 되었으면 한단다.

지난 3일에는 사일 할머님의 칠순잔치를 프린스호텔 뷔페식당에서 가졌단다. 일본에서 홍주삼촌과 아들 이사오 그리고 새로 태어난 귀여운 딸(3살?)과 서울의 현주삼촌 내외와 두 딸, 집안 할아버지 할머니, 아저씨 등 약 50여 분의 손님을 모시고 성대하고 즐거운 시간을 가졌단다. 주위의 권유로 아빠가 사회를 보았단다. 모두들 홍주, 현주삼촌의 밝고 순수하게 성장해서 성공한 현실에 대해서 많은 박수를 보내면서 부를 이룩한 것보다도 자식의 성공에 축하의 인사를 아끼지 않았단다. 그리고 두 형제가 어버이은혜를 부를 때는 모두가 울음을 참느라고 숙연한 분위기에 잠기기도 하였지만 모두 즐거운 시간을 보낸 것 같다. 마침 홍주, 현주삼촌이 마련한 자리인지라 재석이도 함께 자리했단다. 모두들 재호 너의 안부도 물으시면서 유학 준비 소식을 들으시고 축하와 부러움의 인사를 아끼지 않으셨단다. 아빠는 다시 한 번 두 형제의 오늘이 있음에 마음으로의 고마움을 표하고 싶더구나. 정말 감사한 마음, 고마운 마음…….

우리 다 같이 지금의 가족 모두의 삶이 계속되어서 밝고 건강하고 많이 사랑하는 정말 하나뿐인 가족이 되었으면 한단다. 재석이는 오늘(5일)부터 전화로 얘기한데로 서울대병원 흉부외과 실습생으로 가슴 벅찬 예비의사의 길을 시작했단다. 아마도 좋은 경험과 많은 것을 느끼는 계기가 될 것 같단다. 하지만 재석이도 서울로 떠나고 두 내외만이 마루에 앉아서 TV를 보노라면 왠지 한쪽이 텅 빈 것 같아서 허전한 마음은 어쩔 수가 없지만 먼 훗날 한 집에서 얼굴 맞대고 살아갈 때가 있으리라 믿으면서 지금의 현실에 충실하고 싶구나.

우리 속담에 "벼도 익으면 고개를 숙인다"는 말이 있듯이 너도 이제는 이십대 후반에서 삼십대에 가까워지는구나. 지금의 자리까지 많이 노력하고 애써왔듯이 앞으로도 더욱 성숙하고 합리적이며 남을 먼저 배려할 줄 아는 차가운 지성과 뜨거운 가슴을 지닌 그래서 이 세상 하나뿐인 멋진 우리 아들 재호가 되어주기를 바란다.

늘 깨어있는 자신이기를 바라면서 형제간의 우정에도 많은 관심을 갖기 바란다.

아빠가 최근에 어느 화랑에서 본 서예작품 중에서 가슴 찡한 한 마디…….

"당신이 곁에 있어서 참 행복 합니다"

정녕 아빠의 마음이란다. 행복한 하루하루가 쌓여가기를 바란다.

이천사년일월오일 밤에 아빠가.

마법의 성

햇살 가득한 5월은 담장에 걸린 빨간 장미만큼이나 아름다운 날들이 많아서 왠지 모르게 기분이 좋아지는 달이다. 낳아주시고 길러주신 부모님을 생각하여 그 은혜를 그리는 어버이날과 존경하는 스승님의 은혜를 기리는 스승의 날이 있다. 그리고 또 하나 빠트릴 수 없는 한 가지는 자라나는 새싹들을 위한 어린이날이다. 하지만 사실 지금 우리 집에는 어린이가 없다. 이미 두 아들은 훌쩍 자라서 어린이의 나이를 넘겼기 때문이다. 그래서 어쩜 성인의 날이 더 어울릴지 모른다. 하지만 다른 집과는 달리 우리 집에는 스물여섯 살의 어린이가 있으니 바로 작은아들 재석이가 그 주인공이다.

올해에도 어김없이 어린이날이 다가온다. 어린이날 며칠 전 교보문고 지하의 음반 가게에 들러서 아들이 좋아할 것 같은 CD를 사고 다시 문구센터로 가서 예쁜 카드도 샀다. 저녁 식사를 마치고 아내와 같이 카드에 어린이날 축하 인사를 적고 새로 사 온

CD를 예쁘게 포장하여 카드와 함께 재석이 책상 위에 올려놓았다. 비록 작은 선물이지만 심정은 마치 숙제검사를 받는 초등학생처럼 결과를 기다리는 마음으로 조바심을 내기도 하며 행여나 스물여섯의 아들이 아직도 어린이로 생각한다고 기분이 상해하지나 않을까 하고 걱정하였다. 그러나 그것은 한낱 나의 기우였을 뿐으로 다음 날 아침 재석이는 밝게 웃는 얼굴로 나타나 선물받은 CD가 마음에 든다며 흡족해하였다. 그런 아들의 모습은 아직도 나에게 큰 기쁨으로 다가온다.

세상의 모든 부모에게는 자식이 곁에 있다는 것 한가지만으로 큰 행복을 느낀다. 그리고 자신이 가진 걸 다 주고도 늘 모자란 것 같은 마음은 세상의 모든 부모들이 갖고 있는 조건 없는 사랑일 것이다. 옛날에 여든이 넘은 늙으신 부모님께서 환갑이 지난 아들이 외출하는 모습을 보고는 "애야 부디 길조심해라!" 하고 말씀하셨다고 한다. 그렇다 세상의 모든 부모들의 마음은 자식들이 언제까지나 어린이로 생각되어 지는 것이다. 그래서 나도 우리 아들이 언제까지나 어린이로 오래 남아 해마다 작은 선물이라도 전하고 싶다.

흔히들 자식은 품 안에 있을 때 방긋방긋 웃으면서 재롱을 떨어 부모를 기쁘게 해주는 것으로 평생의 효도를 다 한다고 한다. 그래도 나는 세상을 살아가는 어렵고 힘든 고비를 넘길 때나, 찬

바람 부는 추운 겨울날이면 따끈한 청주 한잔 같이 마셔줄 수 있고 턱수염이 거뭇거뭇한 나이가 되어도 어린 날의 순수한 동심을 잃지 않는 아들이기를 바라는 것이다. 욕심 많은 아버지의 희망사항일지라도 5월이 지나고 또다시 돌아오는 뜨거운 여름이 오면 시원한 맥줏집에 둘이 앉아 '마법의 성' 을 들으면서 거품 가득한 생맥주를 같이 나누는 그 날을 그려본다.

마법의 성

믿을 수 있나요 나의 꿈속에서
너는 마법에 빠진 공주란 걸
언제나 너를 향한 몸짓엔
수많은 어려움뿐이지만
그러나 언제나 굳은 다짐뿐이죠
다시 너를 구하고 말거라고
두 손을 모아 기도했죠
끝없는 용기와 지혤 달라고

마법의 성을 지나 늪을 건너
어둠의 동굴 속 멀리 그대가 보여
이제 나의 손을 잡아보아요
우리의 몸이 떠오르는 것을 느끼죠

자유롭게 저 하늘을
날아가도 놀라지 말아요
우리 앞에 펼쳐질 세상이
너무나 소중해 함께라면

마법의 성을 지나 늪을 건너
어둠의 동굴 속 멀리 그대가 보여
이제 나의 손을 잡아보아요
우리의 몸이 떠오르는 것을 느끼죠

자유롭게 저 하늘을
날아가도 놀라지 말아요
우리 앞에 펼쳐질 세상이
너무나 소중해 함께 있다면

손편지가 그리운 시간

집배원의 발걸음 소리는 언제쯤이면 들릴까? 편지는 기다림이었다. 군에 간 아들의 답장을 기다리는 어머니가 감나무 아래 서성이다 시린 가슴에 떨어지는 눈물 같은 그리움, 먼 외국의 낯선 도시에서 생활하는 아들에게 사랑의 편지를 적어 보내는 많은 밤들, 그때의 풍경이 아련하다. 그리고 밤새워 쓴 편지를 침을 발라 우표를 붙이고 빨간 우체통에 넣고는 언제쯤 답장이 올까 하고 손가락을 꼽아보던 가슴 설레던 그 순간들을 잊을 수가 없다. 그것은 아날로그 세대가 아닌 지금의 아이들은 아마도 그 정겨운 정서를 이해하기란 힘들 것이다.

사전적 의미로 볼 때 편지는 하고 싶은 말이나 개인적인 소식을 담기도 하고 상대방의 안부를 묻기 위해 대화하는 형식으로 쓴 글을 말한다. 그리고 편지는 읽을 대상이 정해져 있고 일정한 형식과 예절을 갖추어 써야 하는 실용적인 글이다.

예전에는 누구나 자신만의 필체(손 글씨)로 고운 편지지 위에 한 자 한 자 정성스럽게 꼭꼭 눌러 쓴 사연을 곱게 접어 봉투에 넣고, 우표를 붙이고 빨간 우체통에 넣던 시절이 있었을 것이다. 하지만 오늘날에 와서는 각종 전자 매체의 발달로 편지의 역할을 인터넷 전자 메일, 휴대전화의 문자 메시지 등이 편지의 자리를 대신하다 보니 사람들은 편지지에다가 사연을 적어 보내는 일이 드물다. 대신 군에 간 아들들이 부모님께 보내는 손편지 쓰기 시간이 있어서 그나마 아들을 둔 부모들은 가끔 군에 가 있는 동안에는 손편지를 보내기도 하고 받기도 하지만 그도 잠시뿐이다.

나는 아직까지도 눈 내리는 겨울밤이면 Kenny G의 감미로운 색소폰 소리에, 싱그러운 봄밤에는 Yanni의 피아노 소리를 들으면서 부드러운 펜을 들고 편지를 쓰고 싶어진다. 특히 미국에 있는 큰아들 재호에게 손편지를 쓰는 시간이 나에겐 가장 행복한 시간이다. 그 순간만큼은 마주 보고서 못다 한 이야기와 사랑한다는 애정표현도 매끄러운 볼펜처럼 술술 잘 표현되는 것 같다. 그래서 때로는 7~8장씩 긴 사연을 쓰기도 하고, 보고 싶은 마음에 가슴이 먹먹해질 때는 눈물을 닦기도 하지만 진정 편지지 위에서 아들과 나누는 대화의 순간만큼은 아무런 간섭 없이 자신만의 가슴 벅찬 애잔한 시간인 것 같아서 참 좋다. 그 감정의 기분 좋은 울림은 마치 오래된 곰탕집 가마솥에서 밤새 뭉근하게 끓여낸 진한 곰탕 국물 같은 것이 아닐까 생각한다.

지금의 우리네 삶은 여러 가지의 이유들로 참 많이 힘든 시기다. 불안한 노후와 청년실업자가 증가하고 조기 명퇴에다 무너져 가는 자영업자들의 비애가 곳곳에 느껴진다. 그나마 직장이 있어도 어려운 회사 상사 눈치 보면서 오늘도 가족을 위해서 허리를 굽히는 우리들의 가까운 이웃인 이 땅의 모든 아버지에게, 사랑하는 아내와 귀여운 자식들이 위로와 사랑과 용기를 주는 손편지 한 줄씩 써보는 것도 기분 좋은 선물로 즐거운 편지가 될 것 같다.

즐거운 편지

1

내 그대를 생각함은 항상 그대가 앉아 있는 배경에서 해가 지고 바람이 부는 일처럼 사소한 일일 것이나 언젠가 그대가 한없이 괴로움 속을 헤매일 때에 오랫동안 전해 오던 그 사소함으로 그대를 불러 보리라

2

진실로 진실로 내가 그대를 사랑하는 까닭은 내 나의 사랑을 한없이 잇닿은 그 기다림으로 바꾸어 버린 데 있었다. 밤이 들면서 골짜기엔 눈이 퍼붓기 시작했다 내 나의 사랑도 어디쯤에선 반드시 그칠 것을 믿는다 다만 그때 내 기다림의 자세를 생각하는 것뿐이다 그동안에 눈이 그치고 꽃이 피어나고 낙엽이 떨어지고 또 눈이 퍼붓고 할 것을 믿는다

- 황동규 시인의 〈즐거운 편지〉 전문

빨간 머플러

여름이 지나고 어느덧 선선한 바람이 불어오는 초가을이 되면 거리에 나오는 이들의 목에 예쁜 머플러 한 장이 패션의 완성을 불러오기도 하지만, 편도선염을 자주 앓아온 내게 있어서 머플러는 멋도 멋이지만 목을 보호하기 위한 필수품이 되어버린 지 오래되었다.

나의 옷장 서랍에는 여러 종류의 머플러가 있는데 그중에서도 오래된 빨간 머플러는 내가 가장 아끼는 겨울철 애용품이다. 어쩌다 아내와 같이 집 근처 공원을 산책하거나 동네 시장이나 목욕탕을 갈 때는 어김없이 빨간 머플러를 목에 두르고 외출을 한다. 그럴 때 아내는 나이 든 사람이 너무 튄다고 눈총을 주지만 나는 아랑곳하지 않고 오히려 그 빨간 머플러가 그리워서 추운 겨울을 기다리기까지 한다.

빨간 머플러의 역사는 지금부터 십육칠 년 전 두 아들이 초등학교 시절, 겨울이 오면 목에 감고서 잠실 고수부지에서 눈싸움하면서 마냥 뛰어놀 때 사용하던 빨간색과 검정색의 두 머플러 중에서 용케도 지금까지 서랍 속에 남겨진 것이다. 어쩌면 가장 오래된 두 아들의 애장품이다.

지금은 가끔씩 같이 소주잔을 기울이는 술친구가 될 정도로 훌쩍 커버린 두 아들이지만 세상을 살다 보면 그저 지난 일이 그리워져 가끔씩은 혼자서 외로워지기도 한다. 영원할 것만 같았던 시절은 다시 잡으려 해도 소용이 없다. 빨간 머플러를 목에 두르고 뛰어놀던 그때를 생각하면 아무리 추운 겨울도 예전의 아련한 추억 속으로 돌아가 상상 속의 나래를 펴고 따스했던 아들의 손을 기억해본다.

또 하나의 겨울이 우리 앞에 성큼 다가선다. 2004년의 겨울이 말이다. 매서운 바람 속에서 온 대지의 생물이 꽁꽁 얼어서 마치 모든 것이 멈추어버릴 것만 같은 추운 겨울이 우리 곁으로 다가올 테지만 자연의 순리에 따라 이제는 우리 다 같이 내 마음속 빨간 머플러 하나씩 두르고 즐거운 마음으로 추운 겨울 속으로 달려가 반갑게 겨울을 맞이했으면 좋겠다. 그리하여 철없는 아이들이 추운 겨울에 차가운 아이스크림을 먹듯이 온몸으로 겨울을 느끼고, 그 겨울이 주는 따스한 사랑에 대한 추억을 많이 만들어서 훈훈한 겨울이 되었으면 하는 마음이다.

Sarah Brightman

어지럽혀진 방 한 쪽에 내가 가장 좋아하는 「사라 브라이트만」의 초기 앨범의 마지막 곡인 'First Of May' 가 조용히 흐르고 있다.

When I was small And Christmas trees were tall
내가 어릴 적엔 크리스마스 트리가 커 보였어요
We used to love While others used to play
다른 아이들이 소꿉장난을 하는 동안 우리는 사랑에 빠져있었죠
Don't ask me why The time has passed us
왜냐고 묻진 말아요 시간은 우리 앞을 지나가 버렸고
by Someone else moved in from far away
누군가가 먼 곳에서 다가온 거예요

Now we are tall And Christmas trees are small
이제 어른이 된 우리에게 크리스마스 트리는 그만큼 작아졌어요

And you don't ask the time of day

이제 그대는 나를 조금도 사랑하지 않네요

But you and I our love will never die

하지만 우리의 사랑은 결코 시들지 않을 거예요

But guess who'll cry come first of May

오월의 첫날이 오면 누가 눈물짓고 있는지 생각해 주세요

The apple tree That grew for you and me

그대와 나를 위해 자란 사과나무

I watch the apples falling one by one

나는 그 사과가 하나씩 떨어져 가는 것을 바라보며

And I recall the moment of them

가장 소중했던 추억의 순간을 떠올립니다

all The day I kissed you cheek

그대 뺨에 입맞췄던 그 날

And you were gone

그대는 나를 떠나고 말았지요

When I was small

내가 어렸을 때는

And Christmass trees were tall Do do do.

크리스마스 트리가 그렇게 컸었는데 두두두두.

Don't ask me why

왜냐고 묻진 말아요

The time has passed us

시간은 우리 앞을 지나가 버렸고

by Someone else moved in from far away

멀리서 누군가가 다가왔던 거에요

이 곡을 들을 때마다 마음의 평화와 뜻 모를 환희와 설렘을 느끼는 것은 정말이지 예사로운 인연은 아닌 것 같다. 이 곡을 처음 만났을 때이다. 몇 해 전인가 TV CF에서 지금 얘기한 'First Of May'가 배경음악으로 흘러나온 적이 있었다. 그 순간 마치 전기에 감전된 듯이 가슴 한구석이 충격을 받은 듯했다. 그것은 마치 예전 초등학교 시절에 교생실습을 나온 예쁜 선생님의 뽀얗고 해맑은 미소에 가슴이 설레듯이 오십이 훨씬 넘은 나이에 찾아온 가슴 벅찬 충격과 전율이었다.

얼마 후 그 음악이 배경으로 삽입된 광고의 아파트 건설회사를 찾아서 여러 사람의 전화를 거친 뒤에 CF를 담당하는 홍보실 직원이 휴가 중이라 해서 또 며칠을 기다린 끝에 통화가 되어 노래 제목이며 가수가 누구란 것을 전해 듣게 되었다. 그리고 레코드 가게로 달려가서 여직원에게 메모지를 보여주고 문제의 앨범을 손에 받아 쥐게 되었다. 그날 저녁 집으로 돌아와 'First Of May'를 아마도 스무 번은 더 들은 것 같다.

사라 브라이트만은 영국의 클래식 크로스오버 소프라노이자 팝페라 가수 겸 배우, 싱어송라이터 그리고 댄서이다. 또한, 올림픽 주제가를 2번이나 부르기도 했다. 그녀는 정통 클래식 성악가를 포함한 이제까지의 모든 소프라노 가수 중 가장 많은 음반 판매량을 기록한 것으로 알려져 왔다. 그날 이후 나는 평소에 좋아하던 주현미 씨보다 더 좋아하게 되었다. 내가 주현미 씨를 얼마나 좋아했는가 하면, 아내가 TV를 보다가 혹 주현미 씨가 나오면 "여보, 당신이 좋아하는 주현미 나와요. 빨리 오세요."하고 불러줄 정도다. 왜 그렇게 좋아하는지 모르겠다면서 가끔 이상한 눈으로 쳐다보기도 한다.(이것도 아내는 별스러운 성격이라고 생각하지만)

아무튼 그 후로 「사라 브라이트만」의 CD는 거의 모두 수집을 하게 되었고 최근에는 DVD까지 구해서 일요일 낮에는 몇 번씩 돌려서 보기도 한다. 그녀의 CD 중에는 재호가 해외로 출국하면서 인천공항에서 사서 보내준 것도 있다. 어쩌면 아이들은 아버지의 취향이 주현미에서 사라 브라이트만으로 바뀐 게 약간은 의아스럽게 생각될지도 모르겠다. 하지만 나이는 숫자에 불과하다고 얘기한 것처럼 숱한 세월의 흐름 속에서 '신라의 달밤'과 '비 내리는 고모령' 만이 아빠의 전유물은 아니라고 말해주고 싶다.

아직도 '마법의 성' 을 처음 듣고서 가슴에 구멍이 뚫린 것 같은 기분이나, 지금도 기억에 뚜렷한 「The Classic」의 '사랑 그대로의 사랑' 과 같이 흰머리가 늘어가는 지금도 가슴 속은 예전의 젊고 순수한 마음으로 남아 있는 것 같다.

법정스님의 『홀로 사는 즐거움』이라는 책에서 스님께서는 자동차로 멀고 지루한 길을 달릴 때는 이따금 'Yanni'의 역동적이면서도 감미로운 가락이 피로를 씻어준다고 하셨다. 우리는 나이 듦에 대해서 때로는 너무 어렵게 혹은 너무 쉽게 생각하는 것 같다. 하지만 같은 시대를 살면서 아버지와 아들이 또 엄마와 딸이 같은 음악을 듣고 같이 공감하면서 같은 느낌을 나눈다면 나이 듦이 그렇게 서운하고 힘든 것만은 아니라는 생각이다. 그래서인지 먼 훗날 예쁜 며느리가 사다 준 사라 브라이트만의 CD를 들으면서 마시는 커피 한 잔이 기다려지는 밤이다.

가족사진

어느 한가로운 휴일 오후, 아내와 나는 책장 한구석에 먼지를 뒤집어쓰고 있는 지나간 사진첩을 정리하고 있었다. 사진기가 귀하던 40여 년 전, 일 년에 한두 번씩 무거운 필름카메라로 찍은 사진들 속에는 요즈음 보기 드문 흑백사진도 있었다. 화려한 컬러사진들 속에서 수줍은 새색시의 꾸밈없는 해맑은 미소처럼 오랜만에 마주하는 까만색, 흰색의 흑백사진은 나를 아득한 그 옛날의 젊은 시절로 초대하는 것 같았다. 지금은 사진을 찍고, 보고, 보내고 하는 일이 손안에서 다 이루어지고 심지어는 주름살을 없애고 얼굴을 더 젊게, 예쁘게 만들어주는 소위 '뽀샵' 이라는 별스러운 작업을 해서 어느 대기업에서는 신입사원 이력서에 붙이는 사진은 보정작업을 하지 않은 본래의 모습을 요구하는 진풍경이 벌어지기도 한다.

아내와 묵은 사진을 정리하던 중 난생처음으로 찍은 오래된 가족사진을 보면서 이제는 흰머리가 듬성듬성한 우리 부부의 모습 속에서 지나간 세월이 가져다준 삶의 무게를 느끼며 오래 회상에 잠겨있었다. 그 오래된 가족사진은 우리 네 식구가 처음으로 함께 찍은 뜻깊은 사진이다. 재호가 유치원에 입학하기 전 어느 겨울날 소공동의 어느 유명한 사진관 양탄자 위에서 찍은 사진으로 아이들은 아내가 손으로 직접 뜨개질을 하여 만든 털조끼를 나란히 입고 나는 그때 유행하는 장발 머리에, 아내는 뽀글뽀글한 파마머리로 온갖 폼을 잡고 있는 모습이 지금에 보면 촌스럽기도 하지만 그 한 장의 사진이 전해오는 그때 그 시절의 따스한 행복과 사랑하는 마음은 지금보다 더한 울림을 주는 것 같다. 그동안 잦은 이사에도 다행히 분실되지 않고 온전하게 책상 속 한자리를 차지하고 있어서 문득 그 시절이 그리울 때 꺼내보노라면 아이들의 재롱과 웃음소리가 마치 영화의 한 장면 같이 떠오르곤 한다.

때마침 두바이에 근무하던 재호가 미국 콜롬비아대학원으로 늦은 유학을 떠나는 기념으로 우리 네 식구는 생애 두 번째 가족사진을 찍게 되었다. 그 옛날 긴 장발 머리의 젊은 아빠는 어느새 머릿속이 훤히 보이는 나이가 되었고, 뽀글뽀글한 파마머리의 아내는 마음씨 고운 중년의 아줌마가 되었으며, 털조끼 속의 어린이들은 넓은 가슴과 훌쩍 커버린 키의 잘생긴 총각들이 되어서 웃고 있었다. 오랜만에 가족사진을 찍은 날은 더운 여름날이어서 땀을 흘려가면서 사진사의 주문대로 포즈를 취하느라 고생을 했지만, 품속의 어린 두 아들이 이제는 내가 그 품속에 안길 정도로 많이 변해버린 모습으로 환히 웃으면서 '김치~' 하며 찍는 가족사진 한 장이 나에게는 그 어떤 상장이나 훈장보다도 더 자랑스럽고 영광스러운 것이었다.

세월이 흘러서 먼 훗날 두 아들은 오늘의 우리 내외처럼 예쁜 색시와 사랑스러운 아이들과 함께 자기들만의 가족사진을 찍는 날이 오겠지 하고 생각하면 괜히 기분이 좋아진다. 많은 세월이 흘러서 우리 부부가 할아버지 할머니가 되어도 오래된 빛바랜 가족사진은 행복했던 그때 그 시절 속에서 지금의 우리에게 기분 좋은 미소를 보낼 것 같은 생각이 든다.

그럼에도 불구하고

가훈(家訓)은 집안 어른이 그 자손에게 주는 가르침을 일컫는다. 가정의 윤리적인 지침으로서 가족들이 지켜야 할 도덕적인 덕목을 간단명료하게 표현한 것이다. 우리나라에는 가훈이 없는 집안이 잘 없겠지마는 우리 집에는 특별히 가훈이라고 딱히 이름 지어서 정한 것은 없었다. 그러던 어느 날 우연한 기회에 「그럼에도 불구하고」라는 문구를 가훈으로 정하게 되었다. 「그럼에도 불구하고」라는 말을 쓰게 된 것에는 내 나름대로 이유가 있었다.

언제인가 FM 아침방송에서 어려운 환경에서 열심히 노력해서 아름다운 결실을 맺은 사연 끝에 진행하는 아나운서가 전하는 「그럼에도 불구하고」라는 단어를 듣고 마음속으로 '그래, 바로 이 말이 내가 가슴에 새겨두고 싶은 말이구나.' 하고 생각하였다. 물론 예전부터 우리 주위에서 많이 쓰인 말이다. 하지만 지금같이 어려운 시대에는 정말 마음에 꼭 맞는 단어인 것 같다.

어려운 환경을 극복하고 대학입시에 수석합격을 했을 때나 혹은 소녀 가장인 초등학교 5학년 여학생이 병든 아버지를 극진히 간호해서 훌륭한 어린이 상을 받는 모습과 모든 세상의 어려운 사람들이 역경을 딛고 재기의 발판을 마련했을 때 우리는 가장 먼저 떠오르는 단어가 바로 「그럼에도 불구하고」라고 생각되어진다.

이 짧은 한마디 말 속에는 그간의 눈물과 서러움과 온갖 시련들이 봄날에 눈 녹듯이 녹아내리는 커다란 힘이 있는 것 같다.

나는 둘째 재석이의 공부방에 우리 집 가훈이라 생각하고 액자를 만들어서 걸어두었다. 의과대학의 힘든 학교생활 속에서 지치고 힘들 때 가끔씩 쳐다보면서 용기를 가졌으면 하는 마음으로 말이다. 생각해보면 세상에 나름대로 힘들고 피곤한 하루하루를 살아가는 사람들이 얼마나 많은가. 하지만 나는 가끔 우리나라의 모든 차량의 뒷유리창에 한때 천주교에서 시작했던 「내 탓이요」라는 말처럼 나는 「그럼에도 불구하고」라는 말을 온 국민에게 전파시키고 싶은 마음이다.

국회의원 선거에서 차점으로 낙선한 사람도 비록 당선의 영광은 놓쳤지만 그럼에도 불구하고 자기를 지지해준 많은 사람 에 대한 고마움을 확인할 수 있어서 기쁜 마음으로 다음을 기약할 수 있고, 대학입시에 낙방한 수험생도 인생의 패배를 남보다 일찍 경험함으로써 다음에는 다른 사람보다 앞서갈 수 있는 기회가 될 수도 있고, 강력한 태풍으로 평생을 일군 논밭이 무너진 제방 때문에 폐허로 변해도 온 식구가 몸 하나는 별로 다친 데 없이 온전하니 그럼에도 불구하고 다 같이 삽을 들고 복구의 땀을 흘려서 새로운 재기의 발판을 마련할 수 있고, 나이가 오십이 못 되어서 다니던 직장에서 퇴출되어 아이들 등록금 걱정으로 가슴이 시커멓게 타들어 가던 아빠에게 「그럼에도 불구하고」 아이들이 열심히 공부해서 장학생이 되어서 아빠의 시름을 덜어줄 때 우리는 늘 「그럼에도 불구하고」라고 다 같이 우리의 기쁨인양 대견해하면서 축하하곤 한다. 나는 매사를 긍정적으로 생각하고 싶다. 지금의 내가 겪는 내 앞에 닥친 어려움과 고난은 어차피 내가 부딪치고 이겨나가야만 그다음의 밝은 미래가 도래할 수 있다고 믿기 때문이다. 그러기 위해서는 정말 「그럼에도 불구하고」 온갖 노력을 아끼지 말고 참고 또 참으면서 묵묵히 지금의 고통을 슬기롭게 온몸으로 부딪치면서 살아가노라면 운명의 신도 슬그머니 옆으로 비켜주면서 「그럼에도 불구하고, 정말 열심히 살았구나」 하고 행복의 여신에게 자리를 양보하지 않을까 생각한다.

이제부터 우리 다 같이 가벼운 접촉사고를 당해도 마주 보고 웃으면서 "그럼에도 불구하고 사람이 다치지 않아서 다행입니다." 하고 웃음 짓는 사회가 되었으면 하고 희망해 본다. 내가 너무 큰 꿈을 꾸는 것은 아니겠지요?

출필고(出必告) 반필면(反必面)

예기(禮記)에서 유래 된 「출필고(出必告) 반필면(反必面) : 나갈 때는 반드시 아뢰고 돌아오면 반드시 얼굴을 뵌다.」라는 말은 오래전 우리 조상님들이 지금의 파괴된 가정의 질서를 예견이나 한 듯 자식이 외출할 때와 귀가할 때의 인사법을 간단명료하게 가르쳐 온 말이다.

오래전 TV 방송에서 학교에서 돌아온 아들이 현관에서 반갑게 인사하는 엄마를 본 척도 않고 제방으로 들어간다. 순간 당황해하는 엄마의 모습……, 얼마 후 엄마는 컴퓨터 이메일을 아들에게 보낸다. 아들은 미소 띤 얼굴로 그 메일을 보면서 "엄마, 컴퓨터는 언제 배우셨어요?" 하니 엄마는 "아들하고 대화하려고 배웠지" 한다.

나는 그 방송을 보면서 왠지 씁쓸한 마음을 지울 수가 없었다. 그러한 기분은 내가 컴맹이어서도 아니고 앞뒤가 꽉 막힌 기성세대는 더더욱 아니다. 방송의 의도야 부모와 자식 간에 이메일을 주고받으면서 대화함으로써 가정도 화목하고 정보화도 앞당기고 IT산업도 더불어 발전하는 밝은 모습을 나타내고 싶었겠지만, 그것보다 먼저 우리가 실천해야 할 것이 있다. 자라나는 세대들에게 초등학교 교과서에 나오는 구절에도 있듯이 「어머니, 학교 다녀오겠습니다. 어머니, 학교 다녀왔습니다.」라는 인사법만 제대로 가르쳐도 굳이 온 국민이 보는 TV에서 아들과의 대화를 위해서 컴퓨터를 배우고 현관에서 맞이하는 엄마에게는 아는 체도 않다가 컴퓨터 모니터에서 만나는 엄마와의 대화에는 웃음과 신기함으로 대하는 잘못된 가정교육이 낳은 아들의 모습은 없었을 것이다.

고생하는 부모님께 자식들이 눈높이를 맞추지는 못하고 자식의 눈치를 보기 위한 컴퓨터 공부가 되어야 하는지 모를 일이다. 그렇게 공부가 무슨 벼슬인 양 위세 하는 젊은 세대들도 언젠가는 우리들 같이 부모가 되어서 자식의 눈치를 보는 날이 올 것이기 때문에 하는 말이다.

차라리 지금이라도 TV나 신문에서 연예인들의 시시콜콜한 얘기보다는 「출필고(出必告) 반필면(反必面)」같이 마음에 새겨두고서 가정의 질서와 부모공경을 가르치는 옛 성현들의 좋은 말씀을 접하는 시간이 많았으면 한다. 그것은 어쩌면 지금의 젊은이들이 먼 훗날 부딪치게 될 자식과의 갈등을 사전에 예방해주는 좋은 처방전이 될 것이기 때문이다.

의과대학 6년 장학생 – 장재석

아들 형제 중에서 특히 둘째 재석에게는 늘 미안하고 고마운 마음을 갖고 있다. 본인에게는 표현을 못 하지만 마음속 한구석에는 항상 많은 빚을 진 느낌이 든다. 그 이유는 재석이가 덕원고등학교를 우수한 성적으로 다니던 고3 시절(그때 재석이는 수학 실력이 워낙 뛰어나서 같은 반 친구들의 어려운 문제를 해결해주는 과외선생님 역할도 했다.) 의사의 길을 가기 위해서 세 군데의 의과대학을 염두에 두고 있었는데 비싼 의과대학 등록금을 생각하면서 본인도 쉽게 결정을 못 하고 고민하고 있었다. 세 곳 중 한 곳은 울산의대로서 의예과 2년을 마치면 본과는 서울 아산병원에서 공부하고 졸업 후에는 아산병원으로 갈 수 있는 장점이 있었고, 다른 한 곳은 수원에 있는 아주대학교로서 당시는 고3 학생들 사이에 의예과가 특히 인기가 많았던 곳이었다. 그리고 마지막으로 대구가톨릭대학 의예과였다. 재석이의 예상 성적으로는 세 군데 모두 의예과 진학이 충분하였다. 학비 걱정만 없다면 당연히 울산의대를 지원해서 서울 아산병원으로 가고 싶은 생각이었을 것이다.

자신의 진로문제로 한참 고민에 빠져있을 때, 우리 내외는 재석이가 대구에서 공부하였으면 하는 희망을 갖고 있었다. 그 이유는 큰아들 재호가 외국에서 직장생활을 하고 있어 재석이 마저 서울로 가버리고 나면 너무 허전하고 또한 어려운 가정 형편상 6년 동안 비싼 의과대학 등록금을 마련하기가 힘에 부치는 것도 사실이었다. 그래서 재호에게 상의를 해서 재석이가 대구가톨릭 의대를 지원하도록 설득을 부탁해놓은 상황이었다. 마침 재호도 우리 내외와 같은 생각이었다. 형제 중에서 한 명은 부모님 곁에 있어야 한다고 하면서 전화로 또 휴가차 집에 들러 동생을 설득해서 최종적으로 대구가톨릭대학교 의예과에 지원하기로 결정을 보게 된 것이다.

시험을 치고 집으로 온 재석이는 왠지 시험을 잘 본 것 같다고 하면서 기분이 좋아보였다. 그리고 합격자 최종 발표가 있는 날 아침, 그때 가톨릭대학교 행정부서에 근무하던 친구가 아침 일찍 전화가 와서 "장 사장, 축하하네. 우리 대학의 「선목-A」 장학생 네 명 중에 장씨가 있어서 확인해보니 자네 아들이 아닌가, 많이 축하하네. 한턱 단단히 내시게. 큰아들은 서울대학교 건축과에 보내고 작은아들은 의과대학 6년 전면장학생을 만들고… 재주도 좋으시네. 다시 한번 축하하네." 하면서 기쁜 소식을 알려주었다. 순간 두 눈에 눈물이 가득 고이면서 부엌에 있던 아내의 손을 잡고 기쁨의 눈물을 흘리며 재석이와 함께 세 식구가 오랫동안 감격에 젖어서 말을 잊었다.

고등학교 3년 동안 제대로 뒷받침도 해주지 못한 부모에 대해서 아무런 서운한 내색도 없이 온전히 혼자 힘으로 이루어낸 값진 결과였기에 그야말로 장한 학생이었다. 아무튼 기쁜 마음을 감출 길 없어 주위 분들께 전화를 걸어 소식을 전하니,

"너희 내외는 이제 고생 끝 행복 시작이다"

"이제 우리 집안에도 처음으로 의사 선생님이 나오겠구나. 축하한다. 승우야"

"나중에 내 주치의는 재석이로 해야겠다. 축하한다."

하시면서 많은 분이 마치 자신의 기쁨인양 축하해주었다.

드디어 신입생 등록금을 내는 날(1999년 2월 4일) 아침. 나는 아내와 같이 등록금 납부서를 들고 은행창구로 갔다. 학교 규정상 장학생도 실 납입액이 0원으로 표시되는 신입생 등록금 납입증에 은행 수납도장을 찍어야만 등록 절차가 마무리된다고 해서 가까운 은행 창구로 갔다. 은행직원이 등록금 납입증을 한참 들여다보더니 "이런 등록금납입증은 처음 봅니다. 어머나, 축하드립니다." 하면서 그 당시 거금이던 의과대학등록금 3,152,500원 대신 0원이라고 적힌 납입증에 힘차게 수납인의 둥근 스탬프 도

장을 눌러주었다.

③
1999 년도 신입생등록금납입증

소속	의예과		
수험번호	10630025	성명	장재석

내 역	등록금액	장학금액	실납입액
입학금	373,000	373,000	
수업료	2,073,500	2,073,500	
기성회비	706,000	706,000	
합 계	3,152,500	3,152,500	0

장학명	선목A

위의 금액을 정히 영수합니다.

대구효성가톨릭대학교 총장

(학생보관용)

긴 줄을 서서 기다리던 손님들도 쳐다보면서 부러움과 놀라움의 눈길을 보내주었다. 「의사 선생님의 아빠 엄마」가 되는 순간 나는 조그마한 아내의 어깨를 꼭 안고서 은행 문을 나서는데 곁에서 걷는 아내의 모습이 마치 외국 영화의 「원더우먼」이나 「슈퍼맨」 같이 느껴졌다. 저 작은 체구에서 어떤 힘이 나와서 그 흔한 과외 한 번 시키지 않고 두 아들을 잘 키우고 특히 두 형제가 수능 시험을 치고 가채점하는 날이면 어렵고 복잡한 각종 점수와 성적을 환산해서 지원 가능 대학을 정확하게 예상하는 우리 동네의 용한 점쟁이와 같은 마력을 보일까 하는 생각이 들었다.

대구가톨릭대학교(재석이가 입학할 때는 '대구효성가톨릭대학교' 라는 긴 이름이었다.) 의예과를 지원한 수험번호 10630025번 장재석 학생. 그리고 우수한 성적으로 6년 동안 등록금 한 푼 안 내고 의사공부를 하게 되는 「선목-A 장학생」으로 합격해서 부모의 두 어깨를 가볍게 해주고 형에 이어서 아들 농사 잘 지었다는 소리를 듣게 해준 우리 사랑스러운 둘째 아들 장재석! 많이 고맙고 또 고맙습니다. 아마도 이래서 인생은 힘들고 어려운 날들을 잘 이겨내면 어느 모퉁이를 도는 순간 환하고 기쁜 행복의 순간을 마주하는구나 하는 생각을 해본다.

멀지 않은 어느 날에 대학병원 의사 선생님의 아버지가 되어 있을 나의 모습이 하루빨리 왔으면 하고 기다려지는 밤이다. 그 긴 시간 속에 우리 재석이는 「이제 의업에 종사할 허락을 받으매, 나의 생애를 인류봉사에 바칠 것을 엄숙히 서약하노라……」 하는 히포크라테스 선서를 하기 위한 길고 어려운 길을 가기 위해서 수많은 하얀 밤을 지새우게 되겠지…….

어려운 의학원서와 씨름하는 무더운 여름날 밤엔 이 아빠가 시원한 생맥주 한잔 쏘겠습니다. 예비 의사 선생님, 사랑합니다

매원할머니

내 고향 성주군 벽진면 봉계리 마을 앞에는 조그마한 동산이 하나 있다. 도시의 아이들에게는 골목 어귀 같은 곳으로 어린시절 나에게는 추억과 그리움이 담긴 작은 동산이다. 대구에서 공부하던 초등학교 시절 방학 때마다 고향 집으로 가는 길목, 동산의 모퉁이를 돌아가면 그립던 마을이 한눈에 들어와 나는 설레는 마음으로 한달음으로 뛰어갔다. 그 동산 아랫마을 한복판에 있는 커다란 기와집 안채에 나를 가장 사랑하고 아껴 주시던 다정한 매원 할머님이 나를 기다리고 계셨다. 할머니는 광주이씨 후손으로 존함은 이철이 씨며 고향은 왜관 근처의 매원리라는 동네에서 태어나셔서 우리 집안으로 시집을 오셨다.

할머님의 친정 동네인 매원리는 17세기 초반부터 광주 이씨들의 세거지로 경주 양동마을, 안동 하회마을과 함께 영남지방의 명촌으로 알려져 왔는데 매원의 의미는 마을의 주변이 산으로 둘러싸여 그 형국이 마치 매화 같다고 해서 매원이라고 하는데, 이

곳에 있는 해은 고택이 이 지방의 명소로 잘 알려져 있다. 그리고 서울대 총장과 국무총리를 지낸 이수성 씨가 할머님의 친정 동네인 매원리 출신인 걸 보면 참으로 대단한 집안인데 당시의 조혼 풍습대로 할머니는 할아버님보다 두 살 연상인 열여섯 어린 나이에 시집을 오셔서 다복하게 5남 1녀를 두셨다. 당시에는 꽤나 큰 집안의 살림살이를 꾸려 나오신 할머님께서는 큰 곳간의 열쇠를 허리춤에 차시고 이른 새벽부터 늦은 저녁까지 동분서주하셨다. 그리고 수시로 사랑방을 찾으시는 손님들을 위해서 한여름에도 안채 다락방에는 유과와 곶감 등 손님맞이 음식들을 늘 준비해두고 계셨던 기억이 난다.

할머니께서는 손자 중에서 처음 태어난 나를 누구보다도 아끼고 사랑해주시고 늘 '우리강아지'라는 말씀으로 사랑하는 심정을 표현하시곤 했다. 나는 방학이 가까우면 며칠 전부터 나를 끔찍이도 아끼고 사랑하시는 할머님이 계시는 고향에 빨리 가고 싶은 마음으로 책가방을 미리 준비하고는 손꼽아 기다리던 방학식이 끝나자마자 재빨리 고향으로 달려가곤 하였다. 고향에 도착해서 동네에 계신 어른들에게 인사를 드리고 나면 할머니께서는 안채의 대청마루 한쪽 구석에 있는 오래된 큰 단지 앞에 절을 시키곤 하셨다. 그 오래된 단지는 가을 추수철에 첫 번째 수확한 햅쌀을 담아놓은 '성주단지'로 할머니께서는 성주단지가 우리 집안을 지키는 수호신으로 생각하시고는 당신의 귀엽고 소중한 손자의 안녕을 빌고 계셨던 것이었다. 그리고 방학 내내 할머니 곁에 꼭 붙어있는 나에게 많은 옛날이야기도 해주시고 때로는 마당 한구석에서 암탉이 알을 낳고 '꼬꼬댁' 하면서 뛰어나오면 방금 낳은 따뜻한 달걀을 앞뒤로 구멍을 내어서 식기 전에 먹으라고 주시곤 하셨다.

가끔씩 할머니께서는 두툼한 한지로 엮은 책을 꺼내어서 붓으로 무언가를 적곤 하셨는데 그것은 우리 집안의 1년 농사의 결산과 각종 수입과 지출사항을 기록한 금전 출납부인 것이었다.

새해가 다가오면 하얀 쌀밥을 한 솥 가득하셔서 온 식구들 숫자대로 숟가락을 꽂으시고 촛불을 환하게 밝히시고는 흰 창호지를 촛불 위에 사르시면서 식구들의 이름을 일일이 호명하며 한 해 동안의 무사 안녕과 건강을 오랜 시간 동안 빌곤 하셨다. 그때에 내가 방문을 열고 지켜보고 있으면 '오냐 내 강아지 안 자고 있구나, 올해도 우리 강아지 소지가(소원을 비는 창호지) 제일 높이 올라가는 것을 보니 우리 승우 공부 잘하겠구나' 하신다.

온 가족의 무사 안녕을 비는 행사는 할머니만이 주관하시는 유일한 당신만의 신앙이신 것 같았다. 또 하나 빼놓을 수 없는 매원 할머니의 특징은 75세의 나이로 돌아가실 때까지 긴 대나무담뱃대를 손에서 잠시도 놓지 않는 애연가이셨다. 이렇게 할머니가 담배를 가까이하시게 된 연유는 열여섯의 어린 나이에 시집을 오셨을 때부터 시 할머님의 담뱃대에 불을 붙이는 심부름을 하시다 가 점점 자신도 모르게 담배의 맛을 알게 되신 것 같다고 언젠가 나에게 말씀해 주셨다. 그런 할머니를 위해서 나는 사람이 많이 모이는 곳에서 재떨이에 긴 담배꽁초가 보일 때는 그걸 주어다가 깨끗하게 까서 방학 때 할머니께 갖다 드리곤 했는데 할머니께서는 내 정성이 기특하셨는지 그 어떤 선물보다 더 좋아하셨다. 그리고 가끔씩 막 추수한 짚에서 속대를 골라 긴 담뱃대를 청소하여 할머니를 기쁘게 해드리곤 했다.

겨울방학에 올 손자를 위해서 꿩 한구식에 정성스런 팥죽 한 그릇과 시원한 동치미 단지를 늘 준비해두셨던 매원 할머님의 사랑이 해마다 동짓달이 돌아오면 다시금 새롭게 가슴에 저며 오는 것은 이제 나도 흰 머리카락이 늘어나서 그런 것일까? 그 마음은 앞으로 흰머리가 가득한 할아버지가 되는 그 날까지 아니 이승에서 눈 감을 때까지 계속될 것 같은 마음이다.

지금 아내는 맞벌이라는 바쁜 시간 속에서도 동지팥죽을 준비하는 모양이다. 어린 시절 내 나이만큼 새알을 먹어야 한다면서 많이 먹고 어서어서 크라고 빌어주시던 매원 할머님의 소원대로 이번 동지가 지나면 나도 어느덧 쉰일곱의 적지 않은 나이의 중년이다. 지금까지 큰 어려움 없이 가정을 꾸리어 온 것도 어쩌면 매원 할머님의 사랑과 염원해주신 마음에서 비롯된 것 같다.

"할머님, 아마도 지나간 동짓날보다 다가올 동짓날이 적을 것은 분명하지만, 부디 맑고 바른 마음과 건강한 몸으로 살아갈 수 있도록 하늘나라에서도 지켜봐 주시기를 비는 마음입니다."

북쪽의 찬 공기가 밀려와서 내일 아침에는 더욱 추워진다고 한다. 그래도 예전의 동치미 단지에 얼음이 어는 매서운 추위는 아닌데 그동안 먹은 동지 팥죽의 힘은 다 어디로 갔는지? 내일 아침에는 두꺼운 내복을 입어야겠다.

이 도서의 국립중앙도서관 출판예정도서목록(CIP)은 서지정보유통지원시스템 홈페이지(http://seoji.nl.go.kr)와 국가자료공동목록시스템(http://www.nl.go.kr/kolisnet)에서 이용하실 수 있습니다.(CIP제어번호: CIP2017007958)

손편지가 그리운 시간

2017년 04월 05일 초판 1쇄 찍음
2017년 04월 10일 초판 1쇄 펴냄

지은이 _ 장승우
펴낸이 _ 나문석
교 열 _ 김옥경
편 집 _ 장상호

펴낸곳 _ 도서출판 두엄
등록번호 : 제03-01-503호
주 소 : 대구광역시 중구 명륜로12길 21
대표전화 : (053) 423-2214
전자우편 : dueum@hanmail.net

ISBN 978-89-85645-64-5 03810